―教室作りからテストまで―

コミュニカティブな英語授業のデザイン

井上和子―監修
フランシス・ジョンソン―著
平田為代子―訳

Communicative Language Learning, Teaching and Testing

大修館書店

Communicative Language Learning, Teaching and Testing
by
Francis C. Johnson
supervised by Kazuko Inoue
translated by Iyoko Hirata
Copyright©Francis C. Johnson, Kazuko Inoue, Iyoko Hirata

TAISHUKAN PUBLISHING COMPANY Ltd.,
Tokyo, Japan, 2000

この本を私の師である

ジェラルド・ディクストラ氏
ロイス・ジョンソン氏
山本和夫氏

に捧げる。

Francis C. Johnson

監修者まえがき

　本書の企画は数年前に始まった。中学校，高等学校の外国語（特に英語）の授業でコミュニケーション能力を養うことの必要性が強調され，外国語としての日本語教育でもこの点が注目されていて，コミュニカティブ・アプローチがすでに脚光を浴びていた頃のことである。当時この方面の論文や説明文を読む機会があったが，いろいろな考え方があるにもかかわらず，多くが教授法など部分的にこの問題を扱っていて，外国語教育に対して一貫した主張をしているものが少ないことに気づいた。そこで，この分野の研究家であり，大学の英語教育でこの考えを実践している神田外語大学のフランシス・ジョンソン教授に本の形でコミュニカティブ・アプローチに対する考えをまとめてみてはと提案した。

　ジョンソン教授も，次のように述べてこの提案に賛成された。「コミュニカティブな言語教育は，近ごろ，第二言語および外国語の教育方法論の基礎として広く認められてきている。一方では，さまざまな状況や目的に応じてあまりに多くの著作が世に出たために，教師や研究者がその本質的な焦点を見失ってしまう危険性がある。『コミュニカティブ』という言葉は流行語になってしまい，その地位がかえって危うくなっている。」

　そこで，コミュニカティブな言語学習・教授・テストの本質をとらえ，その起源，現代における実践，将来の言語教授理論と実践への貢献について述べることを目的として執筆が始まり，約3年半前に原著 *Communicative Language Learning, Teaching and Testing* ができ上がった。最初は英文のままで出版することを考えていたが，日本語での出版ならば引き受けるという大修館書店の申し入れを受けて翻訳に取りかかり，時間的なずれを補う形で最終的な調整を行ってようやく出版の運びになった。

第3，4章では，第1，2章の論点を具体的に示すために神田外語大学と神田外語学院での実践例が出ている。大学については，英米語学科の1年生の12単位のうちの8単位を1年生英語（Freshman English）として，ジョンソン教授の指導の下で，現在では20名に上る英語の母語話者がコミュニカティブな授業を担当している。これらの教員は神田外語大学の英語研修所（the English Language Institute）に所属し，それぞれ英語圏の大学院で応用言語学の修士号を取得している人々である。教材にはこれらの授業担当者の意見を汲んで年々工夫をこらしている。大学が発足した初期の頃には，第3章で取り上げている，*A Home From Home*（「異国の我が家」）のようなジョンソン教授の書き下ろしの小話を数篇使って，聞き，話し，読み，書きの4技能を同時に訓練する総合英語の教材ができていた。今では当初の教材は使用されなくなったが，基本にある総合英語の考え方と，授業は英語で行うという基本方針は大学4年間の英語教育で貫かれている。

　神田外語大学の総合英語教育の中で，本書の趣旨に沿った1年生英語8単位の残りの4単位は読解力と英語作文能力の訓練に当てられている。2年生の12単位は，現在 Oral Communication, Media English, Intensive Reading, Extensive Reading, Communicative Grammar, Advanced Writing の6科目を英語総合講座として設けている（ただし，これらの科目も常に見直され改良されている）。さらに3年次の12単位，4年次の4単位は，文学，演劇，歴史，文化，政治，経済，社会など種々の分野から教材を選んで，内容重視（content-based）の英語総合教育を実施している。これらの英米語学科の専攻語学としての英語は，4技能の訓練を総合的に行うという趣旨にそっている。その上に読解力と英語作文能力の養成に力点を置いているというのが現状である。

　第4章に出てくる神田英語実力試験（Kanda English Proficiency Test：KEPT）は英語研修所が行っている実験で，毎年英米語学科の新入生に実施し，1年次修了時に再度同じテストを行って，KEPTの信頼性，有効性，実用性などを検討すると同時に，1年間の英語教育の効果を確かめている。

神田外語学院で使用しているコミュニカティブな教材 (*Options*) は，学院の教員が香港大学英語学教授のヌーナン氏，香港市立大学言語学教授のキャンドリン氏およびジョンソン教授の指導のもとで開発したものである。全コースに使われているわけではないが，それぞれのコースに適合するように組まれている。

　以上はいずれも本書の内容を具体的に示す例であるが，コミュニカティブな外国語教育の教材としての理想像とも言うべきもので，そのままで実用に適するとは言えないかもしれない。*A Home From Home* などを含んだ初期の総合英語を担当した経験を持つ者には，著者があげている困難点を乗り越えることのむずかしさと，複数の授業担当者の連携が予想以上に困難であるとの認識がある。著者が述べているように，本書で示した例はこのアプローチの将来達成すべき姿を示したものと受け取っていただきたい。

　本書の組み立ては次の通りである。

　第1章は，コミュニカティブな言語学習・教授・テストを規定する概念について述べる。さらに，授業システムの中でこれら3つの相補的側面の調和が必要であることについても論じる。

　第2章では，外国語学習教室における授業システム，つまりマクロ的方法論を扱う。クラスの組立てと運営について論じ，それが将来の教育理論と実践に対してコミュニカティブ・アプローチが果たす主たる貢献であるという予測を立てる。

　第3章は，外国語としての英語 (English as a Foreign Language, 以下 EFL) におけるコミュニカティブな教授法，つまりミクロ的方法論を扱う。教室での特徴的な活動の例をいくつか示し，正しい言語の使用法を教えることを目的とするテクスト中心 (text-based) の活動と，問題解決，すなわち現実の言語を使う能力を養うことを目的とする課題中心 (task-based) の活動の違いについて述べる。

　第4章では，コミュニケーション能力を測る言語テストについて述べる。そこでは学習・教授・テストに望まれる一貫性と調和の問題を取り上げ，

現代における調和の欠如を指摘する。そして，コミュニケーション能力を測る言語テスト，特に個人の間で口頭によって意思の疎通を行う技能のテストのいくつかの側面について，例を挙げて論じる。

　翻訳を担当した平田為代子氏からの提言や質問を受けて改変や補充が行われた部分もある。特に最終調整に当たっての同氏の努力を特記したい。また，複雑な表や図版作成などで，大修館編集部の担当者柴田祈氏にはご苦労をおかけした。最後に本書の出版を実現するためにお骨折り下さった米山順一氏には厚くお礼を申し上げる。

　　2000年3月

神田外語大学大学院教授
井 上 和 子

目　次

監修者まえがき ……… v

第1章　コミュニカティブな言語学習の起源と基本原理 ………… 3
1　学習，授業，テスト ── 一貫性と調和 ……… 4
2　コミュニカティブな言語学習と授業の起源 ……… 5
  2-1　理論の起源　5
  2-2　教室での実践の起こり　6
3　特徴的な原理 ……… 11
  3-1　「課題」対「テクスト」　11
  3-2　「文脈」対「テクスト」　13
  3-3　「2×2技能」対「4技能」　14
  3-4　「相互作用」対「入力」　15
  3-5　「学習」対「授業」　16
  3-6　「帰納的学習」対「演繹的学習」　17
  3-7　「談話型」対「文型」　18
  3-8　「本物のテクスト」対「作られたテクスト」　18
4　言語学習と授業における言語の定義 ……… 20
5　まとめ──日本でのコミュニカティブな言語学習と授業の理論的根拠 ……… 22

第2章　コミュニカティブな言語学習の教室作りと運営 ………… 27
1　教室作り ……… 28
  1-1　教師中心の教室　29

　　　　1-2　学習者中心の教室　32
　　　　　　モデル1：現在一般に行われている教え方　34
　　　　　　モデル2：将来の可能性　42
　　2　教室の運営　………　46
　　　　2-1　教室運営のパターンの2つの例　47
　　　　　　パターン1：教師中心の教室運営　47
　　　　　　パターン2：学習者中心の教室運営　48
　　　　2-2　コミュニカティブな言語学習教室における教室運営の現状　50
　　　　2-3　将来の教室運営パターンの一例　51
　　　　　　学習者の役割　52
　　　　　　教師の役割　59
　　　　　　教材の役割　64
　　　　　　教室の役割　66
　　　　　　まとめ　67
　　3　まとめ　………　70

第3章　コミュニカティブな言語学習活動の実例　……………　73
　　1　コミュニカティブな教科書の構成の諸相　………　74
　　　　1-1　コミュニカティブな教材の内容　75
　　　　　　技能中心　75
　　　　　　主題　81
　　　　　　テクスト　82
　　　　　　教室での活動と練習　84
　　　　1-2　教室におけるコミュニカティブな方法論　86
　　　　　　教室における授業システム　87
　　　　　　コミュニカティブな教室における教授法　88
　　　　　　コミュニカティブな教室における授業形式　92
　　2　コミュニカティブな教室における活動　………　95
　　　　2-1　*Options*：日本における現代のEFL教科書　96
　　　　2-2　学生たちに対する意思疎通の仕方と協力の訓練　106
　　　　　　初級の練習用活動の実例　111
　　　　　　中級の練習用活動の実例　113

2-3　*A Home From Home*：個別化されたコミュニカティブな教
　　　　材に向けて　127
　　　　　コースの文脈と計画　129
　　　　　読解活動　131
　　　　　テクスト中心の活動　135
　　　　　課題中心の活動　139

第4章　コミュニカティブな言語学習とテスト …………………… 145
　1　言語テストの最近の発達状況 ……… 146
　　　1-1　均衡──言語・学習・授業・テストの調和的見方　146
　　　1-2　不均衡──現代の言語テストの見方　147
　2　EFLのテストの企画における概念的変化 ……… 152
　　　2-1　企画と変化の諸相　152
　　　2-2　累積評価から形成評価へ　156
　　　2-3　外的評価から内的評価へ　160
　　　2-4　分析的テストから総合テストへ　161
　　　2-5　数学的評価から記述的レポートによる評価へ　163
　3　口頭によるコミュニケーション能力への評価に向かって
　　　　　　　　　　　　　　　　　　　　　　　　……… 165
　　　3-1　口頭試験の構成　166
　　　3-2　口頭試験の内容　170
　　　3-3　口頭試験の採点　173
　4　終わりに ……… 176

参考文献 ……… 179

索引 …………… 182

コミュニカティブな英語授業のデザイン
―― 教室作りからテストまで

第1章

コミュニカティブな言語学習の起源と基本原理

　本章では，コミュニカティブな言語学習，授業，テストというものの基礎的原理について述べる。その中でコミュニカティブな言語学習，授業，テストのさまざまな形を見ることができる。コミュニカティブな言語学習，授業，テストの概念の枠組みとなっている原理に基づいていると称する学習プログラムや教科書や著作は数多くあるが，本書に示す原理に合致しているものはその一部に過ぎない。残りは残念ながら「コミュニカティブ」という流行語を宣伝文句として利用しているに過ぎない。Nunan（1988）も，いわゆる「コミュニカティブな」授業を数多く研究した結果，これらの授業で「コミュニカティブな言語使用」と呼べる活動はほとんど行われていなかったと指摘している。

　本章は4つの部分から成る。まず「学習」「授業」「テスト」を教育上互いに補い合う3つの側面として手短かに説明する。次にコミュニカティブな言語学習，授業，テストの起源と歴史を，2つの観点から――1つは言語と学習に関する理論と研究が教室での実践に及ぼす影響という観点から，もう1つは教室での実践が言語学習と授業に関する言語理論，および言語学習と授業に関する理論そのものに及ぼす影響という関連から眺める。それから，全てのコミュニカティブ・アプローチ，教授法，教室でのテクニックに共通する特徴となっているいくつかの原理を概観し，コミュニカティブな言語学習，教授，テストで扱う「言語」とは何かを定義する。最後

に，日本における外国語としての英語（EFL）教育でのコミュニカティブな言語学習，授業，テストの理論的根拠について述べる。

1　学習，授業，テスト ── 一貫性と調和

　本書では，学習，授業，テストを1つの体系内の別々の部門と捉える。それぞれの部門は他部門から独立して考察できるが，究極的にはコミュニカティブな言語教育において作動する1つの体系を成す。そのため，この考え方による言語学習，授業，テストは調和を保って働く一貫性のある体系と考えなければならない。

　学習コースの目標は，学習プロセスと授業プロセスが相補的に調和していなければ達成できない。例えば，「コミュニカティブ」という原理に基づいてデザインされた教科書でも，もし教師がその内容を翻訳して教えるならその目標は達成できない。授業システムにおける学習と授業の間の調和の維持については第3章で詳述する。

　学習および授業と評価の一貫性は，コミュニカティブな言語教育における重大な問題である。実際，それは学習と授業への新しいアプローチが提案される度に生じる問題である。なぜなら，テスト方法の変化は，通常カリキュラムの変化の後に起きるからである。そして学習と授業の内容に適合したテストが開発されるまでは，授業システムに調和の欠如，不均衡の期間が生じるのである。こうした調和の欠如が現在コミュニカティブな言語学習，授業，テストの中に存在することを第4章で述べる。

　テスト方法の変化がカリキュラムの変化の後に起きるのは，避けられないことではない。テストが変化の触媒になることもある。その一例が1980年代の Hong Kong Scaling Test である。このテストは，中等学校の3年生の中から4年に進む能力のある者を選抜するために企画された。このテストはコミュニカティブな方針で企画され，その結果「ウォッシュバック（washback）」効果によって中等学校における最初の3年間の教育方法を変化させることに成功した（Johnson and Wong (1981)）。

2 コミュニカティブな言語学習と授業の起源

　学問分野としての言語学習と授業は，教室での実践に用いられる理論として，あるいは理論的公準に結び付く教室での実践として研究されている。概念から手順への連続体の「両端」から，コミュニカティブな言語学習と授業の起源への洞察を得ることができる。理論と実践の関係を説明しようとするモデル——例えば Anthony（1963）——は，理論から実践へという一方向の関係を描写するものになりがちである。しかし，コミュニカティブな言語学習と授業は，理論と実践の両方から生まれてきたものであり，この分野では，言語と言語学習・授業に関する理論的仮説から生じる考えだけでなく，教師の教室での経験から生まれる考えにも支えられた両方向の変化が起こることを示している。

2-1　理論の起源

　コミュニカティブな言語学習と授業の理論は，言語を人と人とのコミュニケーションと見る研究にその起源の一つがある。こうした研究は，主として英国とヨーロッパ，特にファース学派の言語研究で行われ始めた。マリノフスキーが独創性に富んだ言語学書 *Coral Gardens and Their Magic* の中で「現実の言語事実は特定の状況における発話である」と明言して，言語学習における言語観の基礎を確立したが，後にハリデー等がこれを更に発展させた。

　Stern（1983）にあるマリノフスキーの著作（Malinowski（1935））からの3つの引用個所は，1930年代以降のヨーロッパの言語学習にかかわる言語観を理解する基礎を雄弁かつ適切に物語っている。

　　「言語は基本的に現実の文化，庶民の生活，人々の風俗習慣に根ざしており，（中略）常に発話のなされる幅広い状況を参照せずに説明することは不可能である。」

　　「発話は「状況という文脈」の中に置かれて初めて意味をなす。この「状況という文脈」という用語は，もし「文脈」に対する一般的な概念

を拡大する必要があり，また，ことばが発話される「状況」をその言語表現にとって無関係であるとして見逃せないことを示すような表現を作り出すことが私に許されたならば，これは使って然るべき用語である。」

「我々とは異なる状況下に生活し，異なる文化を持つ民族が話す言語の研究は，彼等の文化や環境の研究と並行して行わなければならない。」

2-2 教室での実践の起こり

コロンビア大学の Teachers College のスペイン語と言語学の教授であったディクストラは，1962年に修士課程の学生が第2言語としての英語教育 (Teaching English as a Second Language 以下 TESL) の実習をしているのを見ているときに，授業の2つの部分での学生達の態度の違いに気がついた。彼は後に次のように述べている。「私は学生達の態度の違いに魅せられた。実習の最初の部分は授業部分で，教師役の学生が文型を提示して，それを学生達に練習させていた。学生達は忠実に指示に従い，教師の言う通りにだらだらと繰り返した。その次の部分は言葉遊びで，4人の学生を1チームにして他のチームと競わせた。英語はといえば，学生達がゲームに夢中になるにつれて，しばしば『不正確な』英語が流れ出した。(1963.9 私信)」

過去50年間に作成された中でおそらく最も重要な，そして確実に最も退屈な教科書の1つであった *English Sentence Patterns* (English Language Institute Staff (1958)) の執筆者の一人であるディクストラは，観察した授業の2つの側面――第1に学生達はさまざまな言語的背景をもっているので互いに話をするのに英語を使わざるを得ないということ，第2に最初の「授業」の部分における学生達の単に義務的な参加と「ゲーム遊び」の部分における学生達の熱心な参加の違い――について考え始めた。

これら2つの点が，新しい教科書作成を目指す研究のために，助成金に応募しようという考えの基礎となった (Dykstra (1963))。

助成金は1963年4月24日に承認され，ディクストラの観察に基づいた教室活動を作り出すために，TESL Project という名で知られるようになっ

た研究が始められた。

　TESL Project で調査されることになった最初の計画は，国境や言語の境界を越えて使用できる共通の教材を作ることであった。これは，言語学や言語教育に携わる機関にいた人々が第1言語と第2言語の対照分析を基にして英語を教える必要性を提唱していた当時としては，特に革新的なものだった。ディクストラは理論と実践の両面から「教材に入れることができない言語内容で，それぞれの文化的あるいは言語的背景を持つ人々のために別々に扱われなければならないものを明記した上で，文化的に大きな広がりの中にいる人々に英語を第2言語として教えるための」教材を企画するよう主張した（Dykstra（1963））。

　つまり，もしも英語学習を成功させるのに個別の教材が必要だというなら，共通の教材を作ろうという我々の努力が失敗であること，およびどの面で失敗したかを示してそれを証明せよというのが，1960年代の理論正統主義に対する，教室に基礎を置く下から上への挑戦であった。

　しかし，コミュニカティブな言語学習と授業の起源の研究に関連があるのは，このような教室からの挑戦ではなく，第2の点——言語学習を相互作用を促すゲーム遊びにしようとする試み——である。ここで，教材の企画の3つの側面——内容の組み立て（授業概要），ゲームの準備，ゲーム——について簡単に論じたい。これらの3つの側面は，コミュニカティブな言語学習理論と実践の基本的側面の先駆けと言える。

　TESL Project の教材では「内容を組み立てることには，言語の構造的対立を互いに対照させつつ全てコミュニケーションの目的のために使わなければならないという意味がある（Dykstra（1965））。」つまり，ある対立が意味の違いを引き起こすということ（用法に基づく対立）だけでは，その対立を教えることの充分な基礎とはならなかったのである。

　ある対立を授業要項に入れるには，その対立が他の人との間で使われたときに，もし対立する要素の選択を誤ったらコミュニケーションが成立しなくなってしまうことを示す必要があった。例えば，プロジェクトに参加していた研究者は，子供がゲームをしているというコミュニケーションの

文脈で，冠詞の 'a' と 'the' がどのような場合にコミュニケーションの不成立を引き起こすのかを見出すのに非常に多くの時間をかけた。

彼等は，名詞句の主名詞が単複同形の場合だけ 'a' と 'the' の選択によりコミュニケーションの不成立が起きる可能性があることを発見した。例えば，2人の子供の前に5匹の魚 (fish) があって，1人があらかじめ決められていた合図（1匹の魚の絵など）に従って "Give me a/the fish." と言ったときに誤りが生じ，その結果コミュニケーションが成立しない可能性がある。

こうした授業内容の選択は，現在行われているコミュニカティブな言語学習と授業における内容の選択，段階的順序付け (gradation) および配列の基準とはかなりかけ離れている。しかし，30年前に実施されたその選択が，授業概要を「文脈」と「使用」に基づいて決定するというその後の試みの先駆けであったことは指摘しておくべきであろう。

TESL Project での教材の企画の第2の側面は，コミュニカティブな言語学習と授業を予測する上で意義深いものであった。TESL Project の授業の中には，ゲームで使う物を作ってからゲームをするという活動が含まれていた。学生達は，プラスチックのブロックで動物や物を作るために指示に従って準備しなければならなかった。完成図をもっている学生は，プラスチックの小片をつなぎ合わせる学生達に指示を与えなければならなかった。それから，完成された作品を完成図と比較して，コミュニケーションがうまくいったかどうかが確かめられたのである。

次に，授業の準備の部分で作成された物を使って，4人の学生が2つのチームに分かれてゲームを行った。TESL Project では，これらのゲームがこの教材の真髄で，コミュニケーション活動と呼ばれていた。それらのゲームは，「授業」から「ゲーム」へ移行したときに見られた学生達の集中力と積極的参加への変化を言語学習に組み込もうとするディクストラの試みだった。コミュニケーション活動は次のように述べることができる。

「TESL 教材の練習の各単元は，大まかにゲームと呼んでもよいコミュニケーション活動の形式で配列されている。この活動は，サイコロ投げ

のように成功するかどうかを参加者がコントロールできず，すべては運によって結果が決まるといったものではなく，個人のあるいはチームの成功は参加者が完全にコントロールできる決定と選択（この場合は適切な言葉の選択と使用に関する決定と選択）によっているという点で，子供の作戦ゲームと同じように設計されている。コミュニケーション活動は，ゲームの形式を採っており，参加者にとって言語練習という定義を越えた目的を持っている。この目的は上位の目的と言うことができるが，これは相手よりもうまく課題を完了するために，決定し選択し，言葉を正しく作り出すことによって個人またはチームが勝者となるという，活動の究極目的である（Johnson（1965））。」

すなわち，これは正確な言語テクストを作り出すこと以上の目的を課題の目標として採用することであり，それがコミュニカティブな言語学習と授業のための教材の設計への2つの重要な貢献の中の1つであった。（そして，その事実によって，課題中心の言語学習へのアプローチを究極的な特徴とする理論に貢献した。）

Johnson（1965）は，課題の定義としてのこの上位目的について次のように述べている。

「各々のコミュニケーション活動は，グループ内の学習者が個人で，あるいはチームの他のメンバーと協力して実行しなければならない多くの小課題からなっている。各課題をうまく完了することにより，個人あるいはグループは活動の究極的目的（あるいは上位目的）へ一歩近づくことができる。各活動の上位目的は，うまく完了した課題の総和と定義することができるだろう。従って，ある枠組みの中で，あるいは決められた時間や活動回数の間に，他の人またはグループよりも多くの課題をうまく完了することが個人のあるいはグループの目的となる。」

TESL Project の教材に含まれるコミュニケーション活動がコミュニカティブな言語学習と授業の理論と実践に果たしたもう1つの重要な貢献は，「自動的チェック」の原理である。コミュニケーション活動には学生の発話が正確かどうかを確かめる自動的，非言語的，非権威的なチェックが組

み込まれていた。TESL Projectの教材から簡単なコミュニケーション活動を例に採ると，赤い車の絵を持った学生がチームメイトに"Give me a red car."と言ったときに，チームメイトが彼に赤い猫を渡したら，学生の持っている絵と受け取った品物が違っているので，そのチームはその品物を持ち続けることはできない。叱られることもないし，教師が介入して誰が失敗の原因かを断定することもない。ただ1つ重要な問題は，コミュニケーションの不成立である。「テスト」での正確さでなく「課題」の完了をコミュニケーションの成立，不成立の判断基準とするというこの動きが，現代のコミュニカティブな言語学習と授業に関する理論と実践の重要な先駆けであった。

Legutke & Thomas (1993) は次のように指摘している。

「コミュニカティブな課題のレパートリーを広げることに興味を持っている教師は，数多くの出版物から幅広く選択できる。教室でのコミュニケーションに使う道具の需要を満たすために，ゲーム，問題解決活動，インフォメーション・ギャップを使った活動,ロールプレイ,シミュレーション，シナリオなどを提供する補助教材が急速に増加している。

これらの種本が言語教師からの明らかな需要を満たしているように見えるとはいえ，それらが教室での学習プロセス自体に本当に変化をもたらしたかどうか疑問だというSolmecke (1984) の意見に賛成である。我々は，これらの課題が，カリキュラムのテーマあるいは真に重要な部分とは無関係に，主として「埋め草」として使用されているのではないかという疑惑を抱いている。種本としてのこれらの出版物の性質そのものだけでなく，学習プロセス全体を考慮せずにこれらの課題を作っていることも，この疑惑を裏付けている。その証拠に，過去10年以上にわたるコミュニカティブな活動の種本の増加と平行して，課題中心の学習に関する決定的・包括的な議論がわきおこるということはなかった。」

彼等は，言語課題を授業要項やカリキュラムの企画の中核に据えることは，まだその端緒についたばかりであると不満を表明している。彼等は次のように述べている。

「しかし，Nunan（1989）は，「課題」という用語が既存の教材にどのように応用されうるかを概観することにより，議論を拡大した。彼の分析は，コミュニカティブな課題を，段階的順序付け，並べ方，企画といった観点から眺め，教師のための授業要項の企画や教師および学習者の役割に対する幅広い考慮を含んでいる。そうすることによって，彼は，教師の授業計画の出発点となる，より中核的な役割をコミュニカティブな課題に与えること，一般に課題選択の出発点とされてきた授業要項の決定がチェックリストの役を果たすであろうことを示唆している。」

カリキュラムの構想の中の課題が今ではより洗練されたものになっているのは明らかであるが，課題が「コミュニカティブな言語学習と授業に特徴的ないくつかの原則を実現する強力かつ適切な方法である」ことが気付かれ始めたばかりだというのは正しくない。ディクストラはこのことを30年以上前に認識していた。彼の革新的な考え方の恩恵を被っている我々は，このことを心に留めておかなければならない。しかも，当時は，現在と異なり，課題中心の活動（テクストの正確さよりむしろコミュニケーションの成立，不成立という基準にそった課題で使用する言語の選択も含めて）によってカリキュラム全体を構成する試みが流行していなかったのみならず，見当違いだと考えられていたようである。

現代の洗練された一連の学習課題[1]と比較すると，TESL Project のコミュニケーション活動は確かに未発達である。しかし，現行の活動の原形として確実に重要であり，課題の構成のいくつかの側面——例えば学生に「正確なテクストを作り出すことより上位」の目標を持たせる必要性など——において，それらは現行の構成の先駆けである。

3　特徴的な原理

3-1　「課題」対「テクスト」

EFL のコミュニカティブな学習と授業では，教える言語に対して他のアプローチとは異なった見方をしている（→本章 pp. 20-21参照）。重要な

違いの1つは,「課題 (task)」と「テクスト (text)」の違いである。

コミュニカティブ・アプローチでは,言語学習の目標は,言語使用者が実社会で物事をすることができるようになることであるとしている。言語とは「何かをすること」であり,その「何か」とは,例えば切符を買うこと,ガールフレンドと映画を見に行くこと,スピーチコンテストで優勝すること,英語の母語話者の行動や信念を理解できること,あるいは米国大統領に選出されることなどである。すなわち目的が目標を定義している。言語学習の「目的」と「目標」は,課題の完了――何かをして課題を完了すること――である。

コミュニカティブな言語学習および授業において,「コミュニカティブであること (communicativeness)」のさまざまな解釈を反映して,課題もさまざまに定義されてきた。学習課題のスペクトルの一方には Breen (1989) の見方がある。

「学習課題は,学習作業のための踏切り板である。単純で簡単な練習問題も課題であるが,意味内容を自発的にコミュニケートさせたり問題解決を要求するような,より複雑で理解力を必要とする作業計画も課題である。言語テストは全てこの課題のスペクトルの中に含まれる。言語教育のためにデザインされた教材は,内容の学習のために,それぞれ独特の内容の組み立て方や作業手順を立てているが,全て課題の要約と見ることができる。」

これに対して,本書では,p.9 で定義したように,課題に対してさらに制限の強い見方を採っている。つまり,課題とは学習者の目的を「テクストの正しい使用より上位に置いた」教室活動であると考える。言い替えれば,学習の目的は「正しい」英語を作り出すことではなく,「何かをすること」,実社会での活動を完了することである。このような見方は,課題中心の教室活動とテクスト中心の教室活動を対比させている。

しかし,次のことに注意する必要がある。

1) 課題中心の教室活動に重点を置くということは,テクスト中心の活動を教室で使わないということではない。また授業におけるテクスト中心

の練習の重要さを否定するものでもない。
　2）課題中心の活動は，必ずしも課題を達成する活動である必要はない。課題を達成できないこともまた言語学習において重要である。重要なことは，学生が何かをするためにテクストを使っているということである。完了した課題が成功だったか失敗だったかは，言語学習過程には無関係である。
　3）各々の教室にふさわしい言語学習活動がある。5才児のクラスでは，英語を活動の一部として用いるダンスやカード遊びが適当な活動であろう。大学生のための上級英語の授業では，例えば大学生の性差別主義的態度について調査内容を決め，実際に調査を行うというのが適切な活動の例となろう。

3-2 「文脈」対「テクスト」

　EFL学習と授業において，今では伝統的になっている種々のアプローチでは，学習プログラムと授業内容は，記述言語学の発見に基づいていた。言語学の研究におけるのと同様に，文が授業内容の焦点の単位であった。言語学の分野が，テクストの単位として1つの文以上の構造を扱うようになるにつれて，言語教育のプログラムや授業内容もテクストの一貫性と修辞的構成といった文を越えた構造を含むようになった。
　言語のコミュニケーション機能が強調され始めたのに呼応して，言語学習と授業においてもコミュニケーションの過程での意味のやりとりが強調されてきた。談話分析（Discourse Analysis）の研究から，教師たちは，複数の文単位から成る談話の中で曖昧さを排除して文の意味を理解するための文脈の重要性を認識し始めた。EFLコースでは，テクストの意味やコミュニケーションにおける目的を決定するのは文脈であるということを強調することが，教師にとって重要になった。
　コミュニカティブな言語学習と授業において文脈を強調することは，言葉による情報交換の基礎として，形ではなく意味を強調することと呼応している。意味を決定する上で文脈が重要であることを学習者達に気付かせ

るための教室活動を用意しているプログラムもある。

3-3「2×2技能」対「4技能」

　オーディオリンガル EFL 授業は，テクストという形での授業内容を強調している。そして，授業の焦点をテクストの2つの側面，すなわち

　　1）テクストの形式 ── 「口頭 (oral) のテクスト」対「文字化 (printed) したテクスト」
　　2）テクストの発信方向 ── 「受容的 (receptive)」対「生産的 (productive)」

に基づいて展開させた。

　この2側面は，4技能を規定する。

　　　　聞くこと ── 口頭のテクストの受容
　　　　話すこと ── 口頭のテクストの生産
　　　　読むこと ── 文字化したテクストの受容
　　　　書くこと ── 文字化したテクストの生産

　これら4技能の各々のために教材が作られていた。そして1つのクラスで，別々の著者がそれぞれの技能を目標に作った4冊の教科書を使うという場合すらあった。つまり，4技能は別々のものであると考えていたのである。

　一方，コミュニカティブ・アプローチでは，コミュニケーション活動の過程において，4技能が互いに貢献し合う相補的役割が強調されてきた。言語学習コースで学生達に互いに話すことを訓練する場合，4技能に基づくコミュニケーションのパターンはどのようなものだろうか？　2つのパターンを例としてあげてみる。

　　パターン1：聞く　→　書く　→　読む　→　話す

　　　1人の大学生が講義を聞いて講師の言ったこと（あるいはその解釈）をノートに採る。後に，授業に欠席した学生がカフェテリアで先生の言ったことをその学生に尋ねる。出席した学生は講義中に採ったノートを広げて読み，それに基づいて教師が言ったことを説明する。

これはかなり単純なコミュニケーションの過程であるが，特定の文脈の中で情報交換のために4技能全てが使われるコミュニケーションの過程の例である。このパターンには幾つもの変形が考えられる。例えば，出席した学生はノートを友人に渡して，「ここに私のノートがあるから，自分で読みなさい」と言うこともできる。別の組み合わせも可能である。例えば，講義の内容や欠席したことの影響について話を広げる可能性もある。

パターン2：読む → 話す → 聞く → 話す → 書く

米国人の学生が日本人のペンフレンドから手紙を受け取る。その日本人は近々米国に来ようとしており，ペンフレンドの家の近くの大学で勉強している学生の住所を知りたいと思っている。アメリカ人の学生は大学に電話をして，その学生の住所を尋ねる。彼はそれを書き留めて…

これら2つのパターンは，コミュニケーション行為に4技能が異なる組合わせ方で含まれることを示している。それらのパターンの構成は単純化して，情報源である2つの技能と，情報への応答である2つの技能の組み合わせとして，次のように図で示すことができる。

この図式は単純化されてはいるが，情報処理が情報源と応答の連鎖であることを明示している。コミュニケーションのパターンの変形を表す情報源と応答の連鎖を何通りも組立てることが可能である。

3-4 「相互作用」対「入力」

EFL教室では教室での授業過程を表現するのに，その質と成功を決定する要素の中で，入力（知識を与えること）を最も重要なものとすることが伝統となっていた。これはEFL教室だけでなく，教室一般に当てはまることである。

言語授業での入力重視のアプローチは，学習過程において学生が誤りをおかさないようにすることに特に注意を払っていた。授業は通常2つの

パートに分けられており，まず教師が新教材を注意深く提示し，次に練習のパートで学生がそれを手本としてまねをする。この2番目のパートでは，学生が提示された手本を，まずクラス全体で，それから小グループやペア，そして最終的には個人で模倣する際に誤りをしないように，教師は練習を厳しく監督した。そして外国語習得の過程において生じる誤りは，母語の影響によると見なされた。

1960年代および70年代初めに，言語学習と授業に対する入力重視のアプローチはさまざまな方面から攻撃の的となった。チョムスキーは，言語学習に関する行動主義理論では母語習得に見られる言語的現象を説明できないと論じた。つまり，彼が「劣化した（degenerate）」入力と呼んでいるもの（すなわち，子供の周囲で使われていることば）は，子供の習得する驚くほど精巧な言語の規則体系を作り上げる基礎であるとは考えられない。このことから言語習得を決定するものとして，母語習得者に生得的に備わっている能力に焦点をあてて，母語習得に関する研究と実験が行われる時期が到来したのである。

相互作用という概念は入力だけでなく，それ以上のものを含んでいる。Berko-Gleason（1982）は，入力と相互作用の関係を次のように記述している。

「子供の言語生成機構を発動させるには単に言語に触れさせるだけで十分であると一般に考えられてきたが，今や，第1言語獲得に成功するためには，言語に触れさせることよりもむしろ相互作用が必要であることが明らかである。子供たちは他人の会話を聞いたりラジオを聴いたりして言語を学ぶのではなく，話しかけられる文脈の中で言語を獲得しなければならないのである。」

3-5 「学習」対「授業」

学習と授業を対比させる，あるいはどちらがより重要かを決めるのは，「卵が先か鶏が先か」という問題を解くのと同じくらい難しい。

教えることが学ぶことに先行すると考えるのは，特に言語学習において

は軽率である。言語学習においては，人間は誰でも教えられることなしに母語を「学習する」。教室での学習過程が教師や授業に先行すると考えるのは，皮肉な見方であると同時に，教室という場面と教室での作業に対して無知であることを示す見方である。しかし，過去50年間に世界中の多くの学校の教室で起きた変化は，教師から学習者への強調点の移行であり，「教師は何をするか」から「学習者は何をするか」ということへ強調点が移行した。学習と授業は一つの過程の別々の側面であるが，一般学習理論においても，言語学習理論においても，教師中心の教室ではなく学習者中心の教室が強調されるるようになった。その結果として，コースの企画と企画されたコースの教室での実施の両面において，教師と学習者の役割が変化した。この原理がコミュニカティブな教室でどのように作動するかは第2章で論じる。

3-6 「帰納的学習」対「演繹的学習」

コミュニカティブな学習を特徴づけるいくつかの概念は，ESL あるいは EFL の学習に関する理論的および経験的研究に由来する。授業の焦点を課題に置くかテクストに置くかという対比は，そうした概念の一つである。学習プロセスにおける相互作用の価値の認識もその一つである。

コミュニカティブな EFL へのアプローチの特徴とされる概念のいくつかは，人間の一般学習理論に由来する。そして，それらは，コミュニカティブな学習と授業の他の概念と一致しているため，その枠組みの中に取りこまれた。帰納的学習と演繹的学習の概念的な違いはその一例である。それらはともに人間の学習全体の一部を成す一般化のプロセスの一部である。人々は，どんな事柄でも，数多くの個別の経験を観察し，次にそれらの経験の共通性に基づいて一般的規則を作り上げることによって帰納的に学ぶ。つまり，規則形成の過程は個別から一般へと進む。また，人々は規則を学び，観察し，特定の観察をその規則に結びつけることによって，演繹的に——帰納的学習とは全く逆の方向のプロセスで——学ぶ。

外国語学習に対するコミュニカティブ・アプローチの基本原理のひとつ

は，帰納的学習への信念と，多くの経験をし，充分に参加できる言語環境を入力と相互作用という形で学習者に提供することである。

3-7 「談話型」対「文型」

EFL コースで教える「内容」として言語を記述する際には，英語の構造の中で最も明確な形式に焦点が置かれてきた。それらの中で「文」が構造の単位の中核であった。文は，意味を表すためにある種の語または語群がある順序で規則的に並べられるという点で，型 (patterns) をもっている。

1970年代に，特に英国において，本物の情報交換を表す構成単位および人々がそうした情報交換にどのように参加するかという観点からの言語研究が始められた。Sinclair & Coulthard (1975) は，会話の始動と応答について研究を行い，言語学習の内容について新しい見方を導き出した。文をもとにした言語の見方では統合的構造（節，句など），語，形態素が果たす役割を，談話をもとにした言語の見方では，取引 (transactions)，交換 (exchanges)，動き (moves)，行為 (acts) が果たすことになった。

外国語の授業で教える内容に対するこのような新しい見方は，形式の学習よりもコミュニケーションの効率と意味のやりとりを強調しようとする動きと同質のもの，あるいは実際にその一部を成すものであった。

3-8 「本物のテクスト」対「作られたテクスト」

コミュニカティブ・アプローチ以前の伝統的な英語学習クラスの教科書は，英語の用法のある面の例を学生に与えるためのものであった。例えば，母語話者の現在完了相での現在時制の用法に焦点を置いている単元で，学生用に書かれたテクストは，has received, have read, have discussed, have decided, have asked, has written, has posted のような動詞群の例を多く含むように特別に作られた。こうしたテクストは，学生に言語の特徴と要素を多く経験させればさせるほど，彼等がそれを習得する可能性が増すという教育的前提に立って，その単元の文法上の焦点を含む例を数多く

学生に与えている。このような作られたテクストはしばしば極端に不自然で，実社会ではほとんど起こりそうにないものであった。

一方，本物のテクストは，実社会の言語使用の実例から引用されており，自然である。Nunan(1988)は，本物のテクストを次のように定義している。

「「本物の」教材は，通常，言語を教える以外の目的のために作られたものと定義される。それらは，ビデオ映像，本物の会話の記録，テレビ・ラジオ・新聞からの抜粋，標識，地図，図表，写真，絵，時刻表，予定表などのさまざまな情報源から選ばれる。ただし，これらの例は今までに手をつけられてきた情報源のほんの一部に過ぎないのである。」

コミュニカティブな言語学習と授業は，学習の入力として用いられるテクストが本物であることの重要性を強調してきた。この考えを支えているのは，学生が教室での「隔離された」練習状況を離れて「実社会での」使用状況へ言語技能を持ちこんでくるときに，実社会で使われている言語に対処できるように準備されていなければならない，という議論である。本物のテクストを使うことへの要請は，現在はほとんど問題なく受け入れられているが，「本物である」という条件については，特にテクストの適格性に関するESLとEFLの違いの問題など，なおいくつか疑問が残っている。これらの問題は，後で言語学習と授業における「言語」を定義するときに論じる。

以上8組の概念は，コミュニカティブな言語学習と授業の概念的枠組の一部を成す。これらは，もちろん，コミュニカティブな言語学習と授業の指針となる最も重要な概念にたいする1つの見方を表すものにすぎず，この枠組の充分な記述ではない。ここでは，全ての学習と授業を統率する多くの概念も省かれている。それらのうちのいくつかは，コミュニカティブな教室での学習と授業の質に大きな影響を持つものである。例えば，ここではコミュニカティブな教室における教師の質には触れていないが，それはこのアプローチによる言語学習と授業の成功を左右する基本的概念であろう。

これら8組の概念あるいは概念上の対比は，恣意的かつ制限的に選ばれたものである。流暢さ（fluency）と正確さ（accuracy），評価（assessment）とテスト（testing）のような他の多くの対立概念も，学習と授業におけるコミュニケーションの効率（communicativeness）を定義するのに役立つ概念であろう。しかし，これら8組の概念がコミュニカティブなEFL学習へのアプローチを定義するのに最低限の最も有意味な概念であるという考えをここでは提起しているのである。

4　言語学習と授業における言語の定義

　本章では，これまでに，コミュニカティブな言語学習，授業，テストの定義に不可欠な役割を持つ多くの概念について述べてきた。しかし「何を教えるか」つまり「言語」そのものの中心概念については述べてこなかった。我々は言語を教えるのだが，言語の定義は人によって異なり，また，定義する目的によって変わってくる。我々の目的は，言語学習，授業，テストにおける言語を定義することである。次の定義はこの目的のために提案された操作主義的定義である。

　　言語とは，少なくとも2人の人が適切で予測可能な音および文字から成るテクストを用いて行う，目的をもった，予測のできない情報交換または情報の創造の連鎖である。

この定義によれば，言語とは，伝達のために使用するものではなく，伝達行為（コミュニケーション）そのものであることになる。
　この定義は，まず，言語を一連の情報交換であり情報の創造であるとしている。言語は一連の行為として記述されているのである。そして，情報交換を成立させている相互作用は参加者が必要と考えれば継続される可能性がある。言語とは，単に1回の情報交換というのではない。言語を1回限りの情報交換と記述することは，言語の機能を制限することになるであろう。なぜなら，人々は相互作用の中で情報を作り出すこともありうるからである。相互作用における双方の参加者が情報を作り出すことができる

のである。

　この定義によれば，言語学習と授業における言語は，本質的に予測できないものである。もし私があなたの言おうとしていることを知っていたら，私達は情報や意味の交換もしくは創造という意味ではコミュニケーションをしていないことになる。同様に，もし私があなたにすでに答えが分かっている質問をした場合，コミュニケーションは行われていないのである。一方，もし私があなたに向かって答えを知らない質問をすれば，あなたと実際にコミュニケーションをしていることになる。その質問には目的がある。言語学習と授業におけるコミュニケーションは全て，目的を持ったものであることが望ましい。言語体系の中の要素を，それが使用された時に果たす機能も含むように拡大して記述することによって，目的こそがコミュニカティブな言語学習と授業における言語の定義の肝要な部分になるのである。

　言語の定義は，コミュニケーションをするときに使われるテクストに言及して完結する。ここでの「テクスト」という用語は，上の2つの定義の中で「言語」と呼んだものを指す。つまり，人々がコミュニケーションをするときに使う用法 (usage) の体系であり，「任意の音声記号の体系 (system of arbitrary vocal symbols)」である。コミュニケーションの立場からの言語の見方では，テクストを「適切に」使われているかどうかという側面から記述する。適切な使用は正しい使用と対照する意味で使われる。適切な使用が正しい使用でもある場合もあろうが，そのような判断はコミュニケーションの目的に基づいて行われるのであって，作り出されるテクストの要素の質に基づいて行われるのではない。

　コミュニケーションの立場から見たテクストとは，音と文字を用いたテクストの両方を含む。この定義は，教師が口頭でも文字でもテクストを教えることに関心を持っていることを表しているだけでなく，これら2つのテクストが異なった，しかし関連した体系であることを表している。これは，語学教師のテクストに対する見方の1つである。つまり，上記2つの言語の定義は，言語を「任意の音声記号」であると述べているのが，この

ような見方は，話しことばを優先し，文字を用いたテクストを二次的なものと考えているのである。

しかし，このような言語の見方は，言語学者による言語の記述には適しているかもしれないが，語学教師による言語の見方としては不適切である。というのは，多くの研究によって，話しことばの習得と文学を用いたことばの習得は多くの点で異なることが明らかになったからである。

言語をコミュニケーションと見る，あるいはより適切にはコミュニケーションをすること（communicating）と見ることで，次のことが明らかに示される。学習者がある言語を学ぶということは，学習者が，母語話者であろうと非母語話者であろうと，言語（すなわちコミュニケーション）に参加することによって，当該の言語（たとえば，英語）を脳内に知識の体系として確立させ，適切に使って人とのコミュニケーションができるようになることである。こうした見方は，母語話者がその母語の知識体系，つまり入力と相互作用が言語獲得の中心的過程となっている体系を内在化してきた環境を再現するのである。外国語学習者に対して，母語話者が自然な環境の中で無作為な言語使用に晒されるより以上に集中的に入力と相互作用の経験をさせるために，教室での英語の練習と使用を選択し，並べ，提示し，組織することが，EFL の教師の課題である。

5 まとめ —— 日本でのコミュニカティブな言語学習と授業の理論的根拠

コミュニカティブな言語学習と授業は，ESL を教える状況で，特に英国において考案され発達してきた。コミュニカティブ・アプローチは，ESL の状況に必須であると考えられる多くの原理を備えており，そのような状況下における学習者のニーズを根拠として正当化された。例えば，内容が本物でなければならないという概念は，学生が教室で習った文脈，意味，テクストを実社会の状況に直接に転換しなければならないという事実があるからこそ，必要な条件とされ，正当なものと考えられたのである。こうした転換は，教室での学習内容が実社会の文脈を反映し，教室での言語学

習課題が実社会での課題を写している時にのみ有効である。さらに，教師の使う方言が，学生に実社会でその方言の使用に出会ったときの備えとして役に立てば，なおいっそう有効であろう。

　コミュニカティブ・アプローチを採用している教材は，こうした必要性——日本のような国でEFLを学ぶ学生には全く不適切と思われる必要性——を反映したテクストと課題を含んでいた。このような状況で，教師が日本のEFLの状況下でのコミュニカティブ・アプローチの妥当性に疑問を抱いたのは全く当然であった。「私の教えている学生達は英語で課題を達成する必要はない。彼等は実生活で英語を使う必要がない。だから私は彼等に英語のテクストの体系を教える」というようなコメントを聞いたことがある。また，大学では「大学生は英語を学問的に学ぶ必要がある。もし学生が英語の使い方を学びたければ，語学学校に行って学べばよい」というようなコメントを聞いたこともある。

　EFLの状況における言語学習と授業でのコミュニカティブ・アプローチの妥当性は，ESLを学ぶ学生と同じ必要性に基づいてはいない。日本では，学生は日本の社会に参加できるようになるために英語を学ぶわけではない。彼等は，英国やオーストラリアや米国に住む日本人とは異なり，日常のコミュニケーションの必要性を満たすのに英語を必要としない。しかし，彼等の学習の目的や目標は異なっていても，学習方法は同じである。コミュニカティブな英語学習は，日本でも英語学習に最も適切な方法である。

　以下に述べる3つの理由は，コミュニカティブ・アプローチによって英語を学習することの理論的根拠の一部である。

1）言語とはコミュニケーションをすることである

　言語をコミュニケーションすること（communicating）として学習することにより，学生達は言語とは何であるかを学ぶ。言語は，人々が他の人との相互作用によって情報を交換したり作り出したりすることができるようにするために存在する。言語とは何であるかを理解するためには，母語

話者が使うのと同じようにその言語を使うことを学ばなければならない。その言語を使うことによって，学生は，文化的側面も含めて，その言語の全ての側面で言語を理解することができるようになる。言語をコミュニケーションすることとして学習することとコミュニケーションの体系として学習することの違いは，コミュニケーションへの参加者（participant）であることとコミュニケーションの観察者（observer）であることの違いである。コミュニカティブな言語学習では，学習者は言語使用の経験に積極的に参加しなければならない。

　言語はさまざまな方法で研究することができる。例えば記号学として研究できる。もしわれわれが言語を記号の体系と限定して捉えるならば，記号学として研究されるべきである。言語は音声記号の体系として研究することもできる。もしそのように言語を見るなら，それが言語研究の目標となる。コミュニカティブ・アプローチの言語観の真髄は，言語はいかなる社会においても意味を伝えようとする人と人との相互作用の過程であるという見方である。それは，言語の抽象化した（abstracted），観察的（observed）で推論的（discursive）見方とは異なり，現実的（real），人間的（human），能動的（active）な見方である。さらに，本書では後者の見方が，前者の見方による研究の前提条件であると主張するのである。

2）言語学習は他の学習とは異なる

　なぜ学生は言語を，特に外国語を学ばねばならないのか。カリキュラムの立案に関連して述べれば，外国語の学習は学生にユニークな学習体験を与えるからというのが，その答えである。言語学習は数学のような記号体系の学習とは異なるし，歴史学や社会学のような社会とその価値を観察する学習とも異なる。また，地理のような人間社会を取り巻く環境の学習とも異なる。

　外国語学習のユニークさは，外国語による相互作用や情報交換のパターンが自分の母語による場合とどんな具合に大きく異なっているかを学習することにある。このユニークさは，観察された記号体系として言語を学習

することによっては得られない。それは，学生が外国語の概念をも取りこんで物事を考え，行う必要性を経験することによって初めて達成される。そのような経験は，言語を翻訳符号のように扱うことでは得られない。

3）言語学習は成功しなければならない

　日本では，学習者も教師も英語学習に多大な努力を払っているが，その努力の成果は貧弱である。学校を卒業する学生の中でほんのわずかの者しか，言語学習に投じた時間に見合った成果を挙げることができない。その原因の一部は，学習と授業の焦点が，実社会において物事を行う方法ではなく，英語と呼ばれる抽象的な記号体系の学習に置かれてきたという事実にある。

　コミュニカティブなEFLへのアプローチは，学生は物事ができるという考えに根ざしている。言語は課題の完了——他の人との相互作用により物事を行うこと——と連結されている。英語という記号体系が実際の活動の経験と関連付けられるのである。以前に聞いた電話番号よりも通りの名前の方が思い出しやすいというのはよく知られた事実である。なぜなら，通りの名前には意味に基づく関連性があるが，電話番号は恣意的なもので現実とほとんど関連を持たないからである。外国語学習に関しても，意味と現実の経験に基づくコミュニカティブ・アプローチと，記号体系の機械的反復に大きく頼るオーディオリンガル・アプローチや翻訳によるアプローチとの比較について同様のことが言える。この他にも外国語をコミュニカティブに教える理論的根拠を支える基盤は多くあるが，第2言語学習から外国語学習へ焦点を移行させる目的で上記3つの理由を取り上げた。

（注）

1）現代の学習課題についての優れた概説と分類が、Legutke & Thomas（1993）の第4章にある。

第2章

コミュニカティブな言語学習の教室作りと運営

　教室内の学習者の活動を観察する方法は2通りある。1つは，全体を見わたす「天井のハエ」の見方である。この見方は，教室作りとその教室での学習と授業の運営を含んでいる。もう1つは，学習者と教師という教室での活動への主要参加者の，分刻みの活動に焦点を当てる見方である。これらの活動は，ある意味で学習と授業が進むにつれて生じる認知行為とストラテジーから成るもので，教室活動という「心的活動」である。

　これらの2つの見方は，学習と授業が行われる状況と，その状況の中で学ばれ教えられる項目との区別を強調しており，それぞれ，マクロ的方法論とミクロ的方法論と呼ばれてきた（Johnson（1972））。コミュニカティブな言語学習と教授法において，学習の組み立てと運営の仕方に依存するコミュニカティブな方法論や技術があり，その中には学習者と教師の分刻みの活動から生じるものがあることを強調する上で，マクロ的方法論とミクロ的方法論の区別は適切な方法であると言えるかもしれない。

　本章では，学習者がコミュニカティブ・アプローチに基づいてEFL（外国語としての英語）を学ぶ場合の教室作りと教室運営について述べる。ここで教室作りというのは，教室用具の並べ方，教室での学生のグループ分け，並ばせ方なども含めて教室および学生の配置方法のことである。また，教室運営とは，そのコース全体を通じての授業の進め方のことであり，その進め方はそのコースの授業の中で教師，学生，教材，教室そのものがど

のような役割を果たすかによってその特色が明らかになるだろう。

本書では，こうした教室作りと運営を併せて教室授業システム（classroom instructional system）と呼ぶ。授業システムという用語は，第3章で扱う教授法（instructional methods）という用語と対比的に用いられる。教授法とは，あるコースの授業を形成する分刻みの教室での活動，つまり教室で起きていることのミクロ的見方である。

本章では，教室授業システムに関して，まず教室作りという概念を全般的に考察し，教師中心の教室と学習者中心の教室の2種類の教室の組み立て方について述べる。それから言語学習のための教室，特にコミュニカティブ・アプローチのために作られたクラスについて考察する。その際，学習者の選別とグループ分けおよび教室用具の組み合わせ方の2つの側面に光を当てる。そして，最後にコミュニカティブな言語学習と授業を行う教室の運営について考察する。

1 教室作り

教室作りは，学習と授業が行われる物理的環境作りである。つまり教室内の「生産要因」をどのように整えるかということである。その要因とは，もちろん学生，教師[1]および教材である。教室作りは，次のような物の配置計画をも含んでいる。

教室用具：学生の机や教卓をどのように並べるか。
教　　材：学生がコースを通じて学習に使う教材をどこに置くか。学生が使う教材はすべて教室に置いておくのか，それとも課題をやり終えるために，教室外へ出ることも必要なのか。
学 習 者：学習者をどのように並ばせるか。例えば，誰を誰の隣りにするか。クラスの中にグループがあるのか。もしあるとすれば，どのようにしてグループができたのか。

教室作りは，クラスでどんな学習と授業を行うのかによって異なる。教

師中心の教室では，教師と教師の行動に注意が集中するので，全ての学生が常に教師の行動を見ることができ，教師の話を聞くことができるようになっていなければならない。学習者中心の教室はこれとは異なる作り方を必要とする。この2種類の教室について，いくつかの点を考察する。

1-1 教師中心の教室

　教師中心の教室では，教師が学習すべき新情報を提示し，新しい教材の練習を監督し，うまく組み合わせる。そして，教師が教えたことと学習者が実習したことに基づいて，各学習者の新しい教材の練習ぶりや使い方を評価する。教師に何ができ，教師が何をするかが，この授業システムの焦点となる。このシステムでは，入力（授業の中で教科書，ビデオなどの教育補助具を使って教師が学生に与える情報）の重要性が強調され，またその入力の質と使い方が強調される。

　次ページの図2.1と図2.2は，教師中心の教室の配置例である。どちらの配置でも教材が物理的に存在するかどうかは重要ではない。これらの教室では，学生用教科書と教師用ガイドの存在が前提されており，それ以外の教育補助具は教師の必要に応じて教室に持ち込まれる。

　全ての学生が同じ教科書を使い，教師用ガイドに沿って新しい授業が全員一斉に始められる場合は，教師中心の授業システムが仮定されている。出版社によっては，教師が入力を提示し監督し易くするために，学生用教科書に教師用の指示を書き入れた教師用ガイドを作っているところもある。このような教師用ガイドには，良くできている場合には，習熟度のレベルの異なる学生向けの課題が提示されていることが多い。これらの課題は，全ての学生が新しい単元に進む「準備が整う」までコースの進行を止める働きをする。もちろん，学生達がいつ「準備できた」かは教師が判断する。

　現在は，「学生用教科書＋教師用ガイド」という形式が，EFL授業システムの教材の市場を支配している。研究書ではコミュニカティブ・アプローチと学習者中心の教室を提唱しているEFL教育の専門家でさえも，「学生用教科書＋教師用ガイド」という形式の教材を書き，また推薦している。

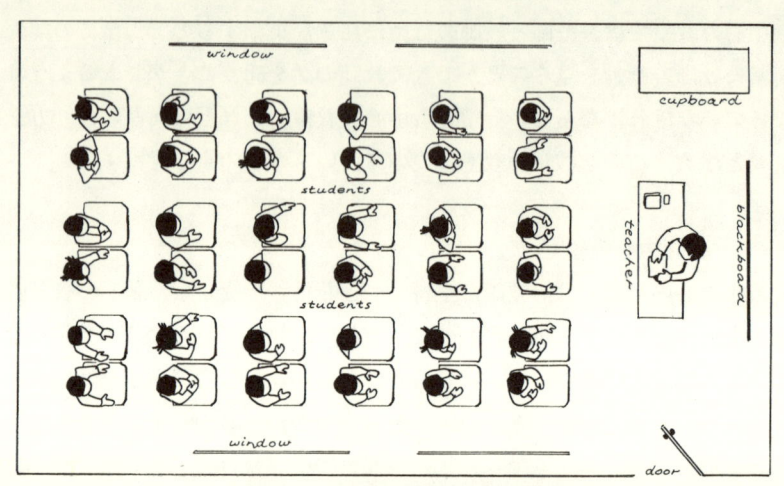

図2.1　従来の教師中心の教室配置

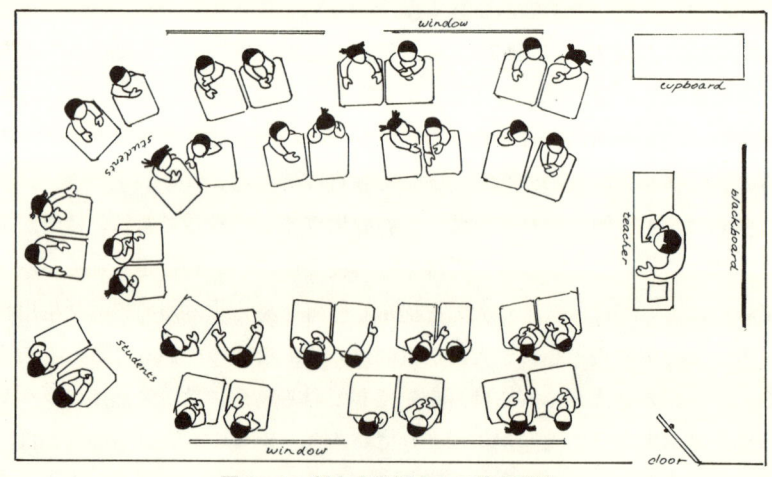

図2.2　新たな教師中心の教室配置

このような授業形式では，クラスの学生全員が一斉に先に進む準備ができると仮定し，したがって，学生は，彼らの進歩を監督して全員が次の項目に進む準備ができたかどうか判断する教師から全員が同じ「指示」を受けることができると仮定する。そうすると，教師中心の教室の活動がたやす

くなるのである。学習者中心の教室を提唱している学者がこのような教師中心の教室を是認することは，EFL教育の分野のジレンマである。

教師中心の教室においては，学生の配置もほとんど重要性を持たない。大学教師は，学生が授業でどこに座るかにほとんど注意を払わない。なぜなら，講義形式の授業では，教師と学生あるいは学生同士の教室内での相互作用が特定の型で行われる必要がないからである。

EFLのクラスで，このような教師中心の教室を作ることは，教師が入力をコントロールするオーディオリンガル・アプローチと結びつく。このことは，口頭による方法論を用いた文型練習の記述に説明されている(English Language Institute Staff（1958））:

「練習の部分では，どんな練習問題なのか，どのようにやるのかを説明するより，"Let's practice. Observe the examples and continue when you understand."（さあ，練習しよう。注意して例を聞いて，理解できたら続けて言ってみなさい）と言うのが一番良い。それから教師は，選んだ例を3つあるいはそれ以上を丁寧に提示する。クラスは3つ目が終った頃から，注意深く練習を始め，練習が進むにつれて自信をつけてゆく。

クラスの全体練習で，普通の会話のスピードで練習を進め，大きな間違いが見つからなくなったら，個人練習に進んで個人の間違いをチェックする。学生が10人位のクラスなら，どの練習でも各学生に少なくとも1回は1人で言わせることができるし，そうすることが望ましい。

もっと大きなクラスでは，教師はグループ練習を行い，個人の練習を時々抜き出してチェックすることで満足せざるを得ないだろう。さらに大きなクラスでは，個人の発言を最小限に減らして，列ごとに練習させる必要があるかもしれない。」

このようなアプローチと方法論では，教師が常に存在して練習を指揮するだけでなく，練習を監督し，「間違い」，つまり教師の目から見て提示されたモデルから外れすぎた答えを見つけ出して訂正しなければならない。こうしたアプローチと方法論では，図2．1または図2．2のような教室作

りが必要なのである。

コミュニカティブ・アプローチが教室での授業システムにもたらした最も意義ある変化は，教師中心の学習から学習者中心の学習への移行であると言うEFL学習と授業の専門家もいるだろう。このような変化にたいしては，さまざまな面からその特徴をあげることができよう。例えば，入力（学習者に提示される新しい言語要素のモデル）中心から相互作用（学習者同士の意味のやりとり）中心への重点の移行があげられる。このような重点の変化により，教室での生産要因の組み立てを変えることが必要になった。そして，このような組み立ての変更こそが，学習における学習者と教師の役割の変更を含めて，EFL教室の将来の発展の前兆なのである。

1-2　学習者中心の教室

EFL授業のための学習者中心の教室では，参加する学習者と相談し，彼等の要求や好みに注意を払って作り上げられたコースの授業要項を実行する。こうした教室の特徴は「学習者は何ができ，何をするか」ということに注目する授業システムである。このような教室は，教師中心の教室と

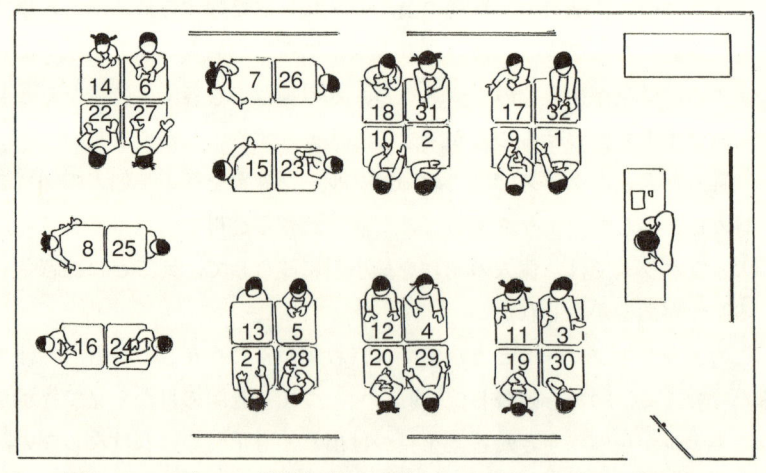

図2.3　モデル1　学習者中心の教室（ペア活動と小グループ活動）

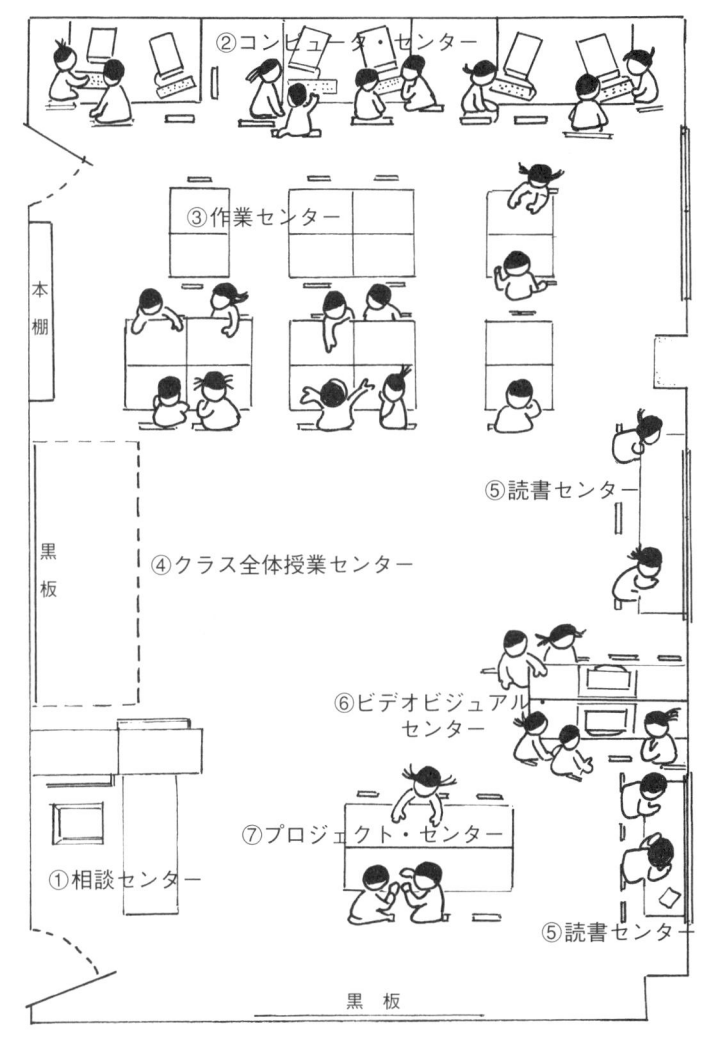

図2.4 モデル2 学習者中心の教室（機能的な学習センター）

は異なる「生産要因」の組み立てを必要とする。

　図2.3と図2.4は，学習者中心の教室配置のモデルである。図2.3を「モデル1」，図2.4を「モデル2」と呼ぶことにする。

モデル1：現在一般に行われている教え方

　モデル1は，学習者中心の教室の一部を表したものである。そこでは学習者とそのグループに注意が集中され，また各学習者がグループの他のメンバーとの相互作用を通してどのように学ぶかという点に注意が向けられている。モデル1は，現在行われているコミュニカティブな言語学習の様子を表したものである。このやり方では，教師がクラスの学習者1人1人の行動を統括したり監督したりしていない状況の中で，学習者達に課題を完成するための話し合いに言語を使わせて，言語学習の練習面での個人間の相互作用の密度を上げることを重視している。

　モデル1はさまざまな方法で応用できる。学習者各人が決まった役割で共同作業をするように，きちんと組織されたグループからなる教室もある。また，もう少し自由で，グループ作業が必要になった時にその場で即席のグループを「作る」教室もある。

　さまざまなグループ分けにみられる長所と短所は，学習者のクラス分けやグループ分けの方法に関する全体的な原則を考察する時に論じることにする。それらについて考える前に，現在行われているコミュニカティブな言語学習および教授法が，言語のオーディオリンガル式の学習ならびに教授法や他の学習・教授法とどこが違うのかを明確にすることが重要である。

　EFLにたいするオーディオリンガル式の学習と教授法や他の教師中心の学習および教授法では，学習過程全体を通して教師の監督が必要であると考えられていた。学習者は，コースの中で，教師が選んだ教材を使って，教師が決めた速さで学習を進め，教材は，コースに割り当てられた時間内でクラスの学習者が「学習し終える」ことができるように，コースの長さに「合わせて」書かれていた。そして教師は，コースに割り当てられた時間内に教材を終えるように，教科書の単元や章を割りふっていた。

　現在行われているコミュニカティブな言語学習および教授法も，オーディオリンガル式の学習と教授法や，その他の教師中心の学習および教授法と同様に，「コースの中で学習を進める」ように計画されている。コミュニカティブな教材も，クラスの学生が全員一緒に始めて一緒に終わるよう

に作られている。「コースの中で学習を進める」という点に関して、コミュニカティブな言語学習および教授法とオーディオリンガル式の学習と教授法の相違点は、コミュニカティブな言語学習ならびに教授法では、クラス全体の足並みを揃えて前進する際に、教師の直接的な監督なしで学習者が個人で、あるいはグループで作業をする機会や期間を設ける点である。

しかし、この章で問題にするのは、コースの中での授業の進め方ではなく、教室の生産要因の組み立て、つまり学習者、机や椅子、教材をどのように並べるかということである。授業の中で学習者たちが課題を完成するために一緒に作業をする「練習」あるいは「グループの作業」のためにはこのモデル1の組み立てが重要である。モデル1では、グループ分けの2つの手順、つまり学習者のクラス分けと教室での並ばせ方が重要なのである。

あるクラスにどんな学習者を入れるかは、クラス分けの方法によって決まる。例えば100人の学習者のグループをクラスに分けるとき、次のような質問が有効である。

* 例えば5つのクラスからなるコースに、学習者がどのように選ばれたのか。
* 彼等は習熟度テストの結果に基づいて選ばれたのか。
* 学習者たちはどのようにクラス分けされたのか。年齢別か、名前のアルファベット順か専攻科目別か（例えば、宇宙航空工学対体操教育）、など。

学習者中心の教室では、学習者がどんな学生かということが、そのクラスで何を達成できるかを決定する上で重要な要因となる。これが、学習者によるクラス分けである。

あるクラスで学習者をどのように並ばせるか（誰の隣に座るか、誰と一緒に作業するか）は、学習者たちの学習する方法によって異なる。前述のように、学習者たちが教師の入力に従って学習する場合に必要なのは、全ての学習者が教師を見ることができ、教師の話を聞くことができるように並ばせることだけである。しかし、入力と相互作用の両方がいかに学習さ

せるかという問題の要因である場合には，学習者の並ばせ方が重要になる。これが，教室内での学習者の並ばせ方の問題である。

a) 学習者のクラス分け

EFLの学習者をクラスに分ける基準は，必要性と習熟度の2つである。

▰**必要性**

学習者達は，英語を使用する必要性に応じてグループ分けされた時に，最も効果的に「情報を交換したり作り出したりすること」ができると考えられる。これがEFL分野における特定の目的のための英語（English for Special Purposes）の存在理由である。学習者達が特定の状況で英語を使用する必要性に応じてグループ分けされていれば，その必要性そのものが目的を持った，最も効果的な学習環境を与えることになる。

クラス分けに関するこの基準は，クラス作りとカリキュラムの両方に密接な関係を持つ。しかしながら，1クラス分以上の数の学生がいる場合，クラス分けのために2番目の基準も必要になる。

▰**習熟度**

ほとんどのEFLコースは一般的英語力（general English proficiency）の向上を目指している。実際，このようなコースは，職業的目的のための英語（English for Occupational Purposes）としてEFLを学んでいる全ての学習者にとっては，一般的技能の向上を補う付属コースとして最適であるといってもよいかもしれない。

学習者は，英語使用の習熟度をもとにしてクラス分けすることができる。習熟度という用語は，使われ方によってさまざまな意味を持つ。例えば，日本の大学入試で学生の習熟度を決定するとは，①学生がこれまでに何を教えられてきたかをもとにして英語力を測ることを意味しているだろう。このような測定は，高校の授業要項に基づく学力テストであろう。あるいは，②大学での研究がうまくできるかどうかの視点から学力を測ることを意味するかもしれない。この場合，大学の目指すものと大学のカリキュラムが高校のものと非常に異なる場合には，高校での学力の測定とは相当に

異なることになる。これは，可能性を予測するための学習適正テストと言った方が良いかもしれない。

さらに，上記のように大学入試の目的で使われるとき，習熟度とは，①どんなカリキュラムにも関係なく作られた一般的能力テストに基づいて学生の能力を測定することを意味する場合もある。TOEFLやTOEICは，このようなテストの商品化された例である（→第4章）。あるいは，②特定のカリキュラムの中で，課題レベルに合うように学習者をクラス分けするために作られたクラス分けテストをもとに測定することを意味することもある。例えば，神田外語学院の現在のカリキュラムでは，国際的コミュニケーションのための英語という中核的なコースに4つのレベルがあり，コース履修を許可された学生は入学時の適切なレベルを決めるためにクラス分けテストを受ける。このテストの内容は履修するコースの内容から採られているので，学習者を正確にクラス分けできるのである。

もしも最初のクラス分けが適切でなかったり，その後の進歩の度合でクラス替えが必要になれば，コース途中でクラス分けテストを再度施行することもある。

学習者をコースやクラスに分けるための学力テストは，ほとんどが一般習熟度テストである。例えば，大学は，学生の合格・不合格を決定するために学生を学力順に並べたいと考える。

入学を許可された学生をさらにクラス分けする手順として，階層的方法（streaming）と混成的方法（cross-sectioning）の2つの方法がある。

▨階層的クラス分け

階層的方法は，クラス毎の習熟度レベルが異なるように学生を分ける。したがって，90人の学生があるコースに受け入れられ，そのコースに3つのクラスがある場合，入学試験での成績が1〜30番だった学生が「進んでいる」クラス，31〜60番だった学生が2番目のクラス，61〜90番だった学生が3番目のクラスになる。

このようなクラス作りは，各グループにそれぞれにふさわしい習熟度レベルに合った学習をさせることができるという利点があると言われる。「進

んでいる」グループは，基礎学習と広汎な練習を必要とする学生に足を引っ張られずに済むし，「遅れている」学生は彼等の習熟度に適したレベルで学習することができるだろう。

クラス全体の学生の習熟度がほぼ均一の方が，教師はコースの中で学生の進歩をより良く管理できるとも言われる。もしも，そのコースの授業要項とカリキュラムが全てのクラスに共通であるならば，より進んでいるクラスの学生はより内容の豊かな課題を行うことができ，遅れているクラスの学生はカリキュラムに必要な基礎的課題だけを行うことになる。

習熟度別グループ分けが教室内でのコミュニカティブな学習と教授方法に適しないわけではなく，階層的クラスでもコミュニカティブなクラスになりうる。例えば，コミュニカティブな授業要項は，課題をさまざまな言語機能を網羅するものにすることができる。これらの機能は，単純な言語使用から複雑な言語使用まで，言語の複雑さのさまざまなレベルで実現される可能性があるので，遅れているクラスと進んでいるクラスは，言語の複雑さにおいては異なっていても，同一の機能あるいは課題をもとにした授業要項で学習を進めることができるだろう。

しかし，階層的クラスは，進んでいる学生にも遅れている学生にも効果的な相互作用によって上達する機会，つまり各クラスを混成的にすることによって得られる機会を失わせる。また，階層的クラス分けは，最初の分け方を恒常化してしまうという批判も受けてきたのである。進んでいる学生は進んだままに，遅れている学生は遅れたままになってしまう可能性がある。これは，コースの途中で階層的クラスの「クラス替え」を受ける機会が学生に与えられていない場合，特に顕著になる。

▰混成的クラス分け

混成的クラス分けでは，能力の異なる学生達をそれぞれのクラスに入れるようにクラス分けしている。混成的グループ分けの場合，例えば入学を許可された90人の学生は，一般学力テストで成績順に並べられてから，図2.5のようにクラス分けされる。

Class A	Class B	Class C
1	2	3
6	5	4
7	8	9
12	11	10
13	14	15
18	17	16
19…	20…	21…

（数字は学力テストの成績順に並べられた学生を示す）
図2.5　コースを履修している学生全員を習熟度混成グループに分けた場合

　A，B，C 各クラスは，入学した学生の習熟度を横断的に切ったものである。それぞれのクラスには何人かの遅れている学生と何人かの進んでいる学生がいる。この習熟度の混合がコミュニカティブな教室で利点として利用されうるかどうかは，各クラスの中で学生をどのように並ばせるかにかかっている。
　ただし，ここで想定している混成クラスの利点は習熟度の違いが大きすぎる時には働かないということを指摘しておくべきであろう。例えば1つのクラスに「初心者」あるいは「擬似初心者」の学生と「上級の」学生がいる場合は，習熟度の幅が大きすぎて混成クラスの利点を利用することができないかもしれない。
　一部の学生を異なった方法でグループ分けする方が良い場合もある。神田外語大学では，かなり長い期間外国で英語を学んだ学生は「特別」クラスにグループ分けするのが望ましいことが分かってきた。いわゆる「帰国子女」の必要としているものは，学校教育を全て日本で受けた学生とは異なっているのである。
　一般英語習熟度テストでは，学生の基本的対人コミュニケーション技能と知的学問的言語習熟度の違いを，言い換えれば，環境の中に埋め込まれた技能と環境から切り離された技能の違いを明らかにできない。例えば，神田外語大学では，「帰国子女」の話したり聞いたりする基本的コミュニ

ケーション技能は非常に進んでいるが，彼等の書く能力，特に学術的な文書を書くのに必要な精密さはしばしば低く，多大の注意を払う必要があるということが経験的に分かってきた。また，「帰国子女」は学習態度や学習方法が一般の学生と異なり，日本で教育を受けた学生に適した EFL の授業システムにうまく適応しないことがある。

しかし，全ての条件が同じならば，EFL へのコミュニカティブなアプローチは，能力の異なる学生の混在する教室で最も効果的に作用する。それは，混成クラス内での学生の「並ばせ方」によって，遅れている学生も進んでいる学生もともにさまざまの型の相互作用から恩恵を受けることができるからである。

b) 学習者の並ばせ方

図2.3は，EFL クラスにおける32人の学生の並ばせ方を示している。学生達をこのように並べることで，授業が進むにつれて必然的に学生の間に非常に密接な相互関係（情報の交換，情報の創造）が生まれるコミュニカティブな授業システムが容易に実行できる。

コミュニカティブな EFL クラスは，授業システムの中に次のようなタイプの活動を含んでいる：

　　個人的活動　　：学生各人が1人で指示された課題，練習を完了する。
　　ペア活動　　　：2人の学生が様々な方法で協力して作業する。
　　小グループ活動：4人の学生が，グループ全体で，または2つのペアで一緒に作業する。
　　全クラス活動　：教師がクラス全体と作業する。

クラスは，1つのタイプの活動から別のタイプの活動へすばやく移行できるように，十分柔軟性をもって組織されていることが望ましい。そして，これを助けるために，学生達が固定のグループまたは半固定化したグループに分けられていることが望ましい。

コミュニカティブな言語学習と授業についての種々の著作には，各学生がいろいろな種類の相手とどのように一緒に作業をしたり話をしたりする

かを学ぶことが望ましいとしばしば述べられている。多様な人々と協力して教室での練習や課題をやりとげることができるようになれば，伝達の技能は上達すると言われる。この議論には多くの概念的な利点があるかもしれないが，教室の管理という点から言えば，新しい活動を行うたびに新たにペアやグループを作るのに時間を費やすより，比較的固定したグループの方がより有効である。学習と授業に使える時間が非常に限られているEFLの場合には，特にこのようなことがあてはまる。

　このようなクラスの組み立ては，学生達が効果的な型の相互関係をたやすく作り上げられるように，学生のグループ分けにその基礎を置いている。図2.3はそうしたグループ分けの例なのである。

　このクラスには32人の学生がいて，4人ずつに分けると8つのグループができる。8つのグループは次のように配列できる。

1．クラスの学生の成績順位表を作る。図2.5ではAクラスの学生の全体順位は1，6，7，12，13，18，19，24，25…である。これらの学生は，クラス内順位が1～32になる（クラス順位1＝全体順位1，2＝6，3＝7，4＝12，5＝13，6＝18，7＝19，…）。
2．クラス順位1位～8位の学生を各グループに1人ずつ割り当てる。したがって，クラス順位1位の学生がグループ1へ，2位の学生がグループ2へ，3位の学生がグループ3へ配属される。
3．クラス順位32位～24位の学生を各グループに1人ずつ割り当てる。したがって，クラス順位32位の学生がグループ1へ，31位の学生がグループ2へ，30位の学生がグループ3へ配属される。そしてこれらの2人の学生がペアになる。つまりグループ1ではクラス順位1位と32位の学生がペアになり，グループ2では2位と31位の学生がペアになって，ペアのための作業を行う。
4．図2.3のようにペアと小グループが配置されるまで，上の手順を繰り返す。

　図2.3は，クラス内の6つの小グループと4つのペアを例示している。

グループ1には，習熟度テストのクラス順位で1位，9位，17位，32位の学生が入っており，グループ5は5位，13位，21位，28位の学生を含むことになる。

各々の小グループは2組のペアからできており，ペア活動ではそのペアで作業を行う。グループ1では1番と32番の学生がペアであり，9番と17番の学生がペアになる。

モデル1の教室では，机とイスの並べ方を変えるだけで学生達が個人的活動，ペア活動，小グループ活動のいずれにも簡単に切り替わることができる。教室用具には別の学習活動のために配置がえをすることが容易なものがあるが，配置の可動性は現代のコミュニカティブな言語学習と授業にとって重要な特徴のひとつである。

他にも机の配置方法はあるが，ここでは進んでいる学生と遅れている学生の組合わせの利用を際立たせるためにこのように配置した。このような配置を支持する点として，ペアで協力して行わなければならない練習や作業で，遅れている学生と進んでいる学生を組合わせることは，両者の伝達技能を上達させる上で有利でありうることがあげられる。ある課題を一緒に実行するために準備したり，その結果をクラスで発表したりするときに，進んでいる学生は遅れている学生を「指導する」ことができるので，遅れている学生はこの一対一の指導の恩恵を受けることができる。また，進んでいる学生はペアになっている学生に作業を完了できるように教え，理解させる機会を与えられるので，彼らもこうした組み合わせから恩恵を受ける。

モデル2：将来の可能性

図2.4は別の形の学習者中心のEFL教室の図である。前述のモデル1は，学習者中心の教室の中で学習者自身に強調を置いているのに対して，モデル2は，教室の中で行われる学習に強調を置いていると言えるだろう。

モデル1はコミュニカティブな言語学習と授業の現状を表しており，モデル2はその将来の姿を表していると本書では主張しているのだが，それ

には，上記の学習者と学習の区別が決定的な意味を持っている。

モデル1は，教師中心の学習環境におけるEFL教室の作り方を示している。教師中心の学習環境の中で学習者中心の教室を作るためには，授業の「練習」部分の組み立て方の実質的変更が必要になる（図2.2と図2.3を比較せよ）。モデル1ではクラスの全学生が同時に1つのコースを始めて，同時に終わることになる。したがって，彼らはコースの各単元も同時に始めて同時に終わらなくてはならない。クラス内の学生の個人差に適応する必要性は，モデル1では各単元において異なった作業のパターン，または「選択肢」(options) を選ぶことによって具体化される。

モデル2では，クラス内の学生が個人の能力と努力を含めたさまざまな要因に応じて異なった速さで進んでゆくことができるように，クラスの組み立て方を変えてある。モデル2は，各グループの学生達が特定のカリキュラムを異なった時期に終了する可能性があることを示している。また，そのような可能性こそが，EFLの学習と授業を促進する上で重要な要因の1つであるという主張がこのモデルにはこめられているのである。このモデルは現在はまだほとんど実施されていないが，これこそがコミュニカティブな言語学習と授業とテストの将来進むべき方向，つまりモデル1で論じた教室の再編成によって予示されている方向である。

図2.4では7つの学習センターを設けている。これは，神田外語大学1年生の英語コースの神田英語能力テスト(the Kanda English Proficiency Test) 研究プロジェクトのために用意された計画であり，高校卒業レベルの学習者の学習環境と需要に合わせたものである。しかし，この計画は，全てのマクロ的方法論によるEFL教室システムのモデルになりうると考えられる。なぜなら，この計画は，全てのレベルの学習に共通する関心事，すなわち学習者のクラスとグループへの配置，ニーズと好みの重視，能力と適用における個人差の認識，これらの差異から生ずる進歩の速度の違いの問題などに取り組んでいるからである。これらは，カリキュラムの計画と実施に関して，教師も教育事務職もともに関心を抱いていることがらである。

図2.4に挙げてあるモデル2の教室では、各学習センターはカリキュラムの当該学習単元における決められた活動に必要な教材と用具を備えている。図2.4に表示された7つの学習センターは次のように記述できよう。

①相談センター

ここには教師がいて、相談にきた学生や、作業のチェックが必要な学生に応対する。また、ここにはコースの学習用ファイルと管理ファイルが置いてある。学習用ファイルはカード、テープ、フロッピーディスクで、そのコースで学生が行う活動を提示している。管理ファイルは学生の個人ファイルで、そのコースで学生が完了した作業の記録を納めたフォルダーである。

②コンピュータ・センター

ここで学生は、1人で、または他の学生と一緒に、コンピュータを使って学習活動を行う。各コンピュータは、相互作用活動や協力して行う活動のために2人で作業できるようになっている。

③個人的活動、ペア活動、小グループ活動のための作業センター

ここの机の配置は、モデル1の配置と似ている。

④クラス全体授業センター

ここでは、クラス全員が一緒に、教師や学生または学生のグループから話を聞くことができる。

⑤読書センター

ここには書架と椅子があり、学生は本を読んで学習できる。

⑥オーディオビジュアル・センター

ここでは、学生がテープレコーダーやテレビを使って(勿論ヘッドフォンを付けて)、音声や映像を使った活動を行うことができる。教室用具の配置は可動的にして、学生が1人で、またはペアで、あるいは小グループで活動することができるようにしておく。

⑦プロジェクト・センター

ここには大きなテーブルが1つ以上あって、学生達が集まって話し合

い，プロジェクトで使う資料の準備をする。

図2.4のような教室作りは，多くの母語教育システムで採用されてきた。このようなクラスはしばしば「オープン・クラスルーム」とよばれているが，その採用によって学校全体の授業システムを学習者中心のシステムにすることが必要になることは明らかである。しかし，現職の教師なら誰でも，こういう教室作りに内在する難しさを認めるであろう。

普通，教師は教室を一時的に使用するように割り当てられていて，そこにある（しばしば床に固定されている）いくつかの机，黒板，教卓と椅子，その他の用具は他の教師と共用である。しかし，1960年代，70年代に多くの国で，学校や学校教育システムの教育方針の基盤を一般学習教授理論に置いて，実験的にオープン・クラスルームを設置した。そこでは，学生が授業の大部分を受けるためにやってくる学習センターがその特徴になっていた。このようなシステムは，個人の達成を促進することに力点を置き，学生間の個人差を基礎にしており，教師中心のコースに見られた学生の足並みを揃えた前進を否定した。

オープン・クラスルームにおける学習は学習センターでの学習に集中しているのだが，最も単純な日常の学習計画を立てる場合には，学生達は始業時にクラスの作業を計画するためにクラス全体で集まる。それから，自分の学習を実行するためにさまざまな学習センターへ出かけて行く。そして，自分の計画の実行に必要ならば，そこで自分と同じレベルの他の学生と一緒に，あるいは一人で学習するのである。

授業の終了時が近づいたら，学生全員が彼等の計画について報告するためにクラス全体で集まる[2]。

このような教室作りは，EFLの授業においてはまだ発達の初期段階に過ぎず，EFL教材の出版社からの激しい反対に直面しているが[3]，既に従来のEFLコースの構造が崩れてきている兆候がある。いくつかの教育機関では，教師が指定した課題または学生自身が選んだ課題を「図書館」のような形式の自発的学習センター（self-access learning center）[4]で行い，

完了したときにその課題に対して単位を与えている。

本書では，学生が主として一人で作業するこのような自発的学習センターこそが，将来のEFL教室の姿，つまりそこでは自発性が学習者のプログラムの補助的部分ではなく絶対必要な部分であるようなEFL教室の未来像を示すものであると考える。現在行われているような個人の自発的学習センターは，言語学習カリキュラムの補助的部分にすぎない。

2 教室の運営

本章のはじめに，教室で行われていることに対する「天井のハエ」的な見方に言及し，こうした見方はクラス分けの方法やクラス運営の仕方——つまり前に教室の授業システムと名付けたもの——を観察する見方であることを指摘した。教室に対するこうした見方は，教師が何を言っているのか，あるいは学生が何を言おうとしているかを理解したり説明したりしなくても記述できることを付け加えておく。ハエは学習と授業のマクロ的描写，つまり学習者，教師，教材といった主要な「生産要因」が，あるパターンに従って教室で共に働く働き方を見ているに過ぎない。

教室の運営は，これらのパターンの，つまり教師と学生と教材が，あるやり方で組み立てられた教室でどのように共に働くかを書き表したものである。

以下に述べるのは，EFL教室の天井に止まったハエならば記録しただろうと思われる2つの運営方法を示したものである。

（これらの記述は，教室で何が行われているのか聞くことも理解することもできない者の手によるものであることを忘れてはならない。その記述は，行動を見たままに記述したものである。）

2-1　教室運営のパターンの2つの例
パターン1：教師中心の教室運営

> 　教師が学生に何か言うと，全ての学生が教科書を出して同じページを開けた。教師が教科書を読み始め，全ての学生が後について読んだ。教師が単語を読むと何人かの学生が教科書の中の単語を指さした。何人かは教科書にある単語の上に漢字を書いた。
> 　時々，教師は教科書から目を上げて，学生達に話しかけた。その時，数人の学生が手を挙げ，教師がその中の一人を指名すると，その学生は立ち上がり，他の学生は手を下ろした。立った学生は何か言って着席した。それから教師は先に進んだ。その後数人の学生が手を挙げて授業を止め，そしてこうしたプロセスが繰り返された。
> 　それからしばらくすると，学生はノートを出して何か書き始めた。彼等はノートに書く前にしばしば教科書を見た。それから教師が学生に何か言い，学生全員が書くのを止めて，教師に注目した。それから教師は…

　パターン1は，教室におけるマクロ的方法論，つまり学習者，教師，教材という主要「生産要因」が共に働く様子を記述したものである。私達には教師が何を言っていたか，学生が何を考え何を学んでいたか，どんな質問が出されたかなどは分からない。私達には，授業が進む中での学習者，教師，教材の相互作用のパターンだけが分かっている。
　ここでは，こうした相互作用のパターンを，授業における学習者，教師，教材の役割として扱う。
　パターン1における教師の明らかな役割の1つは，学生の全活動を監督することである。学生は，教師が教科書を出すようにいった時に教科書を出す。教師は，自分のあとについて教科書を読むように学生に言う。教師が質問し，学生はそれに注目して答える，等々。このパターンのマクロ的方法論では，学生は教師の要求に答えることだけしかしていない。学生達は，教室において，教師の監督としての役割への応答者となっている。

パターン2：学習者中心の教室運営

> 　教師は4人の学生と一緒に座っている。他の4人1組の学生のグループは，教師のしていることや言っていることに注意を払わず，自分達で話している。教師が一緒にいるグループでは，1人の学生が何か言い，次に別の学生が教師に話しかけた。教師は4人に何か話し，学生達はうなずいた。それから彼等は，時には教科書を参照しながら，話し合いを続けた。
> 　教師は別のグループに移動した。（そのグループのメンバーの1人が前もって教師のところに話しに来ていて，教師をグループに連れて行った。）教師はそのグループに加わって話をした。
> 　別のグループは，教科書とノートを使って作業している。学生達は話しあっており，各グループで1人の学生がノートをとっている。他の学生達はその学生の書いたものをチェックして，書き直すように示唆したり，自分で書き直したりしている。
> 　少したってから教師はクラスの前に立った。各グループから1人の学生が立ち上がり，自分のグループ内の別の学生が書いたノートを読み上げた。他のグループの何人かの学生が彼に話しかけた。教師は，時々おこって，学生同士が勝手に話し合うのを止めさせた。

　このマクロ的方法論は，パターン1とは全く異なっている。そして，教室で行われている授業システムにおける学習者，教師，教材の役割も全く異なっている。教師は学生の全活動を指揮したり監督したりはしていない。学生達の一部は教師から自立して作業している。1人の学生が教師の助力を求めに行った――つまり教師は学生に助力を要請されて，それに応えているのである。

　もちろん，パターン2でも教師は学生を「監督」している。授業の後半で教師はクラスをまとめて，全体に話しかけている。また，その後で，教師は学生達を戒めることにより学生を監督している。しかし，監督方法はパターン1とは異なっている。パターン2の方が学生が教師から自立して

いることが明らかである。彼等は，教師が常にその場にいて彼等の行動を監督していなくても，作業している。

パターン1とパターン2は，全く異なる授業システムを描写しており，パターン1は教師中心の教室を，パターン2は学習者中心の教室を描写している。しかし，どちらのパターンも EFL のクラスの描写でありうる。

パターン1は，言語の入力，つまり教師と教科書を通して学習者が触れる外国語の質に価値を置く授業システムの描写である。このような授業システムでは，正確さが非常に重要である。学生は模倣すべき正しいモデルを与えられなければならないし，また彼等は誤りを犯さないように指導されなければならない。このようなシステムでは，学生の全ての反応を教師が注意深くコントロールすることが必要になる。教科書と教師は，学生を注意深く指導して，外国語に触れさせなければならない。

パターン2は，入力だけでなく，その入力を利用した密度の濃い相互作用にも価値を置く授業システムの描写である。ここでは，出力（学生が言うことがら）が学習過程において不可欠な部分である。教師によるコントロールや正確さにはあまり関心が払われない。なぜなら，この授業システムでは，学生の犯す誤りを，正しい形からの逸脱とは考えず，学習過程の必要な部分であると考えるからである。そして，教室で一緒に作業をするときに学生達が交わす会話により多く関心が払われる。パターン2は，コミュニカティブな授業システムの一例であることは明らかである。

しかし，このパターンはコースの中のごく短時間しか描写していない。つまり，ある意味でコミュニカティブな教室で起きていることの「縦切りの」見方ではなく「横切りの」見方である。教室の運営システムは，学習者，教師，教材がコースの中でどのように相互に作用し合うかということにも関心をもつが，それよりも学習者がコースを通してどのように上達するか，つまり学習がクラス全体に対して，また各学生に対していかに体系的に運営されているかということの方により関心を払っている。

コースの運営を考察することは，コミュニカティブな言語学習と授業の現状だけでなく，将来の姿をも考える機会を与えてくれる。

2-2　コミュニカティブな言語学習教室における教室運営の現状

　現在実施されているコミュニカティブな学習と授業は，図2.3のパターン1のような教室の枠組をもとにしている。学習者のグループがコースを通して固定されているとか，時に応じて変わるとか，グループ分けの方法が異なるなど，いくつかの変形はあろうが，コミュニカティブな授業では全て，学習者が各種のグループ作業をすることが要求される。

　1つのコースの各単元のための教室運営は通常次のようなパターンをもつ。クラスの学習者達は(個人で，小グループで，あるいはクラス全体で)教師（または教科書，テープ，ビデオ，コンピュータ・ソフトなどの教育補助具）から新しい情報を与えられる。それから，学生達は（そのコースが最良のものならば）さまざまな課題を提示され，その中から個人であるいはグループで課題を選択する。これらの課題を終了したらクラスがもう一度集まり，その単元の内容を復習してから，（そのコースの内容を教え

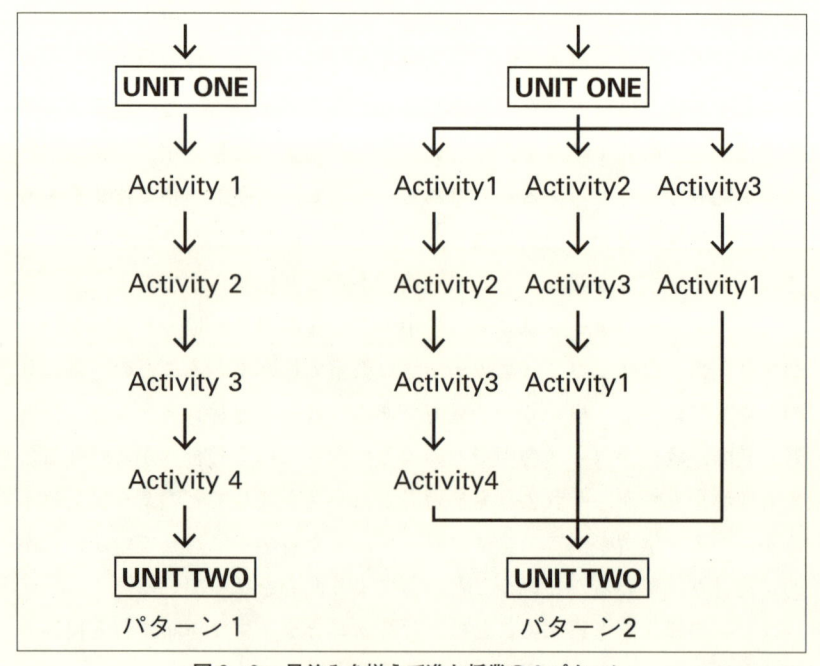

```
        ↓                           ↓
   ┌─────────┐                 ┌─────────┐
   │UNIT ONE │                 │UNIT ONE │
   └─────────┘                 └─────────┘
        ↓                    ↓     ↓     ↓
   Activity 1           Activity1 Activity2 Activity3
        ↓                    ↓     ↓     ↓
   Activity 2           Activity2 Activity3 Activity1
        ↓                    ↓     ↓     ↓
   Activity 3           Activity3 Activity1
        ↓                    ↓
   Activity 4           Activity4
        ↓                    ↓           ↓
   ┌─────────┐                 ┌─────────┐
   │UNIT TWO │                 │UNIT TWO │
   └─────────┘                 └─────────┘
      パターン1                    パターン2
```

図2.6　足並みを揃えて進む授業の2パターン

るために教師が前もって決めておいた計画に従って）次の単元に進む。

　学習者達がコースを通じて全員足並みを揃えて進んで行くような授業の進め方は，前ページ図2.6のように図式化して表すことができる

　図2.6は，コース全体を通して全員足並みを揃えて進む授業の2通りのパターンを示している。パターン1では，学習者全員が各単元を同時に開始して同時に終了する。そればかりか，各単元の中で行う全ての活動を，全員が同時に開始して同時に終了する。

　パターン2では，UNIT ONE を同時に開始するが，その単元の核となる教材が提示された後は，各個人または各グループが別々の活動を完了する。また，コースを通しての全体の進行の範囲内で，個人やグループに選択肢を与えている。こうした選択肢の中のどれを選んで行うかは，学習者または教師が決定する。しかし，この場合でも学習者全員が各単元を（従ってコース全体を）同時に開始して同時に終了するのだから，足並み揃えた前進であることに変わりはない。

　教材は，こうしたやり方の授業を進め易いように作らなければならない。そして，最良の教材とは，いくつかの単元の後に学習者のクラス替えができるようになっているものである。こうしたテキストの一例は，神田外語学院の教員達によって作られた *Options* である。これを使用する学習者達は2年間のコースで4冊の本を使い，学習している間に，さまざまな方法で評価される。各々の本の終了時に，学習者達は，各々の上達の度合いをもとにして上のレベルへあるいは下のレベルへクラス替えされる。

　このような教室運営パターンは，現在行われているコミュニカティブな授業の最善の例であることを強調しておかなければならない。現在市販されている教材のほとんどが，コース途中でのクラス分けの再調整の余地を全く考慮していないのが実情である。

2-3　将来の教室運営パターンの一例

　本書は，コミュニカティブな学習と授業の過去，現在，将来について考察している。コミュニカティブな言語学習とは，単に現在流行しているが

将来すぐに消えてしまいそうな短命な学習方法ではなく，むしろその採用は外国語学習・教授の理論と実践の方針に関する基本的変化であるというのが本書の論点である。

　この変化の中心にあるのは，学習の進め方，つまり言語の学び方や言語の学び方を学ぶ方法の変化である。この学習方法の変化は，本質において，教室の授業システム，つまり教室での学習の組み立て方と教室運営方法の変化である。

　図2.4は将来の教室の組み立て方の一例であるが，その組み立てを補完し開発する教室運営システムについてはまだ述べていない。この点に関しては，教室での授業システムの運用の面で，学習者，教師，教材及び教室そのものに対して与えられている役割を調べることにより考察する。

　コミュニカティブ・アプローチの焦点は「学習者に何ができるか」ということに置かれているので，教室での役割については，まず学習者の役割から論じることになる。その後で，教師，教材および教室の役割について，それらがどのように学習者の活動をしやすくするかという観点から考察する。

学習者の役割

　EFLの学習に対するコミュニカティブ・アプローチは，学習過程における密度の高い相互作用と密接にかかわっているということを前に述べた。これは，教室で教師が（p.47のパターン1で記述したように）学習者の反応を全て引き出し，監督する授業システムでは達成できない。密度の高い相互作用は，仲間との頻繁で予測できない本物の意見交換をしなければならない授業システムで学習する場合にのみ達成される。つまり，学習者同士の相互作用は，学習過程の本質的部分であり，そうした相互作用をEFLの学習者の役割のひとつとして身につけさせるために繰り返し行われるべき活動である。

　このような授業システムの役割は，特定のコミュニケーション活動における「役割」，例えば，就職希望者を面接する雇い主とか宿泊者の受付を

するホテルの支配人の「役」を学習者が行うような状況とは、はっきり区別されなければならない。このような役割を演じることは、授業システムに属するものではなく、後で第3章で論じる教授法に属するものである。

学習者が学習過程の一部として教室で他の学習者と頻繁に言葉を交わすとき、学習過程における学習者の役割は授業システム全体に不可欠な役割となる。学習者は頻繁な相互間のことばのやりとりへの参加者というだけではなく、コミュニケーションの始動者（initiator）でなければならない。

実際、学習者中心のコミュニカティブな EFL 教室における学習者の役割は、自然なコミュニケーションの中で全ての話者に要求される種々の役割を反映する。以下は、そうした役割の一部である。

役割①　自己の学習の計画者であり監督であること

EFL の学習過程の一部として学習者がコミュニケーションの始動者になるためには、学習者が自分自身の学習プログラムを計画し監督しなければならない。近ごろ、EFL の専門家達は、何を、いつ、どのように学ぶかを任意に決定する権能を部分的に学習者に与えるようにしようと主張している。このような役割は、学習者にいつ何をするかを決定させ、そうした学習を始めるようにさせる。そのためには他の人（他の学習者や教師）の協力が必要であるが、そのような協力を率先して行ったり他の人に協力を求めたりすることは学習者の責任となるだろう。

この役割は、この授業システムによってコミュニケーションの仕方を学習する上で非常に重要である。会話を自発的に始めさせようとして学習者にどんなに多くの練習をさせても、他の人に協力を要請したり、またそのために会話の口火を切ったりしなければならなくなって学習をせまられるという本当の必要性の代わりにはならない。

この役割は、目新しくもないし[5]、珍しいものでもないにもかかわらず、現在行われているコミュニカティブな言語学習と教授にはほとんど見られない。なぜなら、この役割が成功するか否かは、学習センターをもとにした教室作りと、コミュニカティブなだけでなく、学習者にコースを通じて

異なった速さで進むことを許す個人化された授業システムにかかっているからである。

　現在使われているEFL教材は，学生用教科書＋教師用ガイドという型の既存の教材に限られているので，学生に自分の学習プログラムを計画し監督させ，結果として学生にコースを通して異なる速さで前進することを認めることができるほどの柔軟性をもった授業システムを作るのが非常に困難である。

　学生に自分の学習プログラムをコントロールする権能を与えようとする試みが現在いくつかなされており，学生が一人で使えるように図書館形式で学習資料を備えた自発的学習センターの使用が促進されている。言語学習において更に洗練された相互作用形式の技術の開発が進むにつれ，このようなセンターは，単に学習だけに係わるのでなく，コミュニカティブな学習をも扱うことができるようになってきている[6]。

　自発的学習が学習過程の補助的な部分ではなく本質的部分である教授システムを想像するのは難しい。自発的学習が本質的部分であるなら，教室での授業は自習センターでの学習が完了して初めて前進することになる。そのためには，実際，教室が学習センターに基づく構成，つまり図2.4に示された構成を持つことが必要になる。

　学習プログラムの計画や監督の仕方に対して学習者の発言権を強めることをEFLの専門家や教材執筆者や出版社は無視してきたが，これこそ将来のマクロ的方法論の本質的部分であるということをここで主張したい。EFL教室は，結局は，学習者が自ら学習プログラムを計画し監督することができる程度にまで，学習者中心の教室となるだろう。

　その主たる理由の1つは，人と人との本物のコミュニケーションは，個人が望み決定し実行する行為だからである。個人が決定を下し，コミュニケーション行為を遂行する。コミュニカティブな言語学習の主要部分はこうした活動である。EFL教室での人と人との本物のコミュニケーションは，ある場合には教科書の使用が必要になるロールプレイなどのシミュレーションでは「作り出す」ことのできないものである。けれども，それは，

教師ではなく学習者自らに学習を計画し指揮する責任を持たせるという学習管理を採用した EFL 教室であれば生じうる。もし，ある学生がコースの中で向上するためにもう一人の学生と一緒に作業する必要があれば，その協力依頼の交渉そのものが本物のコミュニケーション課題となるのである[7]。

将来どのような形で学習者が自己の学習プログラムの計画・監督者になるのかは，まだはっきりとは分からない。現在神田外語大学 1 年生の英語のコースで行われているプログラムは 1 つの試みである。そこでは，学生とクラス担当教員とが，コースに割り当てられた授業時間数内に一連の課題を完了するための契約を作成することについて研究が進められている[8]。

役割②　さまざまな大きさ及び構成のグループへの積極的参加

実生活での他人とのコミュニケーションにおいて，個人は大きさや構造の異なるさまざまなグループに参加して，情報を交換したり作り出したりする。グループに関するこれらのパラメータ（変数）が，グループの中で何がどのように伝えられるかに影響を与えることは明らかである。このような個人間のコミュニケーションの本物のパラメータが，EFL 教室の授業システムにおいて可能な限り再構築されることが望ましい。

コミュニカティブな EFL 教室で，各々の学習者はさまざまなグループに参加することになる。本章で前述した形式の教室で，学習者は 2 人組で，小グループで，あるいはクラス全体で活動する。この授業システムでは，学習者が各々のグループに積極的に参加することが必要である。そのような参加が，学習者にさまざまに異なったやり方でコミュニケーションを行う経験を与える。小グループでパートナーと話をするのと，クラス全体に対して自分のグループで決定したことを発表する（そしてクラスからの質問に答える）のとは明らかに異なっている。学習者はその両方を経験することが望ましい。

さらに，1 つの課題を完了するには，小グループ（4 人の学習者）が各々の出来事に対する 4 人のそれぞれの理由づけに同意する必要があるかもし

れない。このような意見をまとめる（合意の）活動は，小グループのメンバー全員に各々の異なった意見を提示させる活動とは異なる。これらの異なる要請によってコミュニケーションの異なる機会が生まれてくるのである。その時，学生は他の人とさまざまな方法で相互に作用しなければならないので，これらはコミュニカティブな授業では重要なものと考えられている。p.48に提示したパターン2は，授業システムの中で，異なるタイプの相互作用を実際に生じさせる本物の機会を作り出してくれる。パターン1で表された授業システムでは，このような機会は与えられない。

　上述のコミュニカティブなEFLの構成では，ペアやグループで行う作業へ積極的に参加することが必要になるだけでなく，ペアや小グループがその話し合いに関してクラス全体に発表することがしばしば要求される。例えば，小グループの学生たちに表を完成させたりアンケートに答えさせたりして，授業の終わりにクラス全体に発見したことを発表させる課題を想定してみよう。このような小グループの議論において，グループのメンバーの1人は記録係となって，そのグループが話し合って決定したことを書き留める。そして別のメンバーは，発表係として，記録係の書いたものをもとにしてクラスに発表する。記録係と発表係を別々の人にして，他の人が発表の資料として用意した報告書を発表係に使わせることが，コミュニケーション上の価値を持っていることに注目して欲しい。

　発表や記録の仕事はグループの全員が交替に行って，全員がその仕事をする「機会」を持つことが重要である。グループで1つの課題に取り組むので，進んでいる学生は遅れている学生を助けることになる。

　コミュニカティブな言語学習教室では，全ての学生が，グループやペアで学習を進める授業システムの中でさまざまな役割を演じることになる。これら全ての役割を果たすには，クラス内の他の学生との相互作用を行わなければならない——ペアで，小グループで，あるいはクラス全体の活動で。それらはコミュニケーションの過程，つまり「目的をもった情報交換と情報の創造」において人が果たすさまざまな機能を表わしている。実行するのがむずかしい1つの役割は，コミュニケーションの始動者の役，つ

まり課題を遂行するために他の学生に近づき話しかける責任を学生に持たせることである。この役割は，クラスが学習センターの形に作られていて，学生が自分の学習プログラムを計画し実行する責任をもっている場合にのみ達成できる。クラスの学生が教科書にそって足並みを揃えて進んでゆく場合は，学生やグループがいつどんな活動をするかを常に教科書が決定することになるのである。

役割③　他の学習者の個人教授

　コミュニカティブな授業システムでは，ペアで作業をする機会を非常に多く作る。教室での作業の基本単位は2人組である。本章の教室作りに関する節でペアを作るためのモデルを説明した（p.39 図2.5）が，このモデルは，進んでいる学生と遅れている学生を組み合わせることを推奨している。そして，このような組み合わせが両方の学生の英語力を高めるのに良い効果があると主張した。

　コミュニカティブなコースでは，ペアになった学生が一緒に課題を完成したり練習を行うことが必要とされるので，パートナーとのコミュニケーションが密になる。このような状況で，遅れている学生にどんな利点があるかは明白である——相手に教科書を理解させようという意欲にもえているパートナーから，1対1で説明してもらうことができる。このような機会は，伝統的な（従来の）教室では稀にしか得られない。

　しかし，この状況は進んでいる学生にとっても重要な利点がある。彼は個人教師となって，パートナーに内容を理解させなければならないが，これは彼自身の学習を強化する効果がある。学習をこのように捉えることは新しいことではない。1630年にコメニウスが名著 *The Great Didactic* で次のように述べている。

　　「『教える者が一番良く学ぶ』ということばは全く真実である。絶え間ない繰り返しが心に消えない印象を刻みつけるからだけでなく，教えるという過程そのものが教える内容に対するより深い洞察を与えるからである。」

他の学習者の個人教師となることは，コミュニケーションの技能を学ぶことの貴重な源泉となる。この貴重な学習の機会は授業活動から生ずるのではなく，進んでいる学生と遅れている学生をペアにする授業システムから生ずるものであることも指摘しておこう。しかし，実際の教室の状況は，残念なことにこの描写が示唆するほど単純ではない。個人教授を行う過程において，しばしば人格的問題が邪魔をすることがある。その場合は理解力のある教師の助けが必要となる。（後述の教師のカウンセラーとしての役割を参照。）

　しかし，他の学習者の個人教師となることは2人組の場合に限ったことではない。神田外語大学で研究試行されている実験的教材では，次のような学習パターンが調査されている。

1）ある学生が何らかの教材を（読む，聞く，見るなどの方法で）学び，その情報に関してメモを採る。
2）次に，その学生は他の学生のグループに今学んだ情報を伝え，そのグループから出された質問に答え，相手のグループの学生達が彼の伝えたことを理解したかどうか確認するために質問をする。
3）情報を伝えられたグループの学生達は，前もって準備してあったテストを受け，個人教師だった学生が採点する。個人教師だった学生は，グループの全ての学生がテストに合格したときにだけ，自分が契約した活動にたいして成績をもらえる。

　このような活動は，情報を「知っている」という概念に新たな側面を付け加えることになると言ってもよい。つまり，知識を他の人に教えるために使うことができるという面を加えるのである。このような個人教授は目的を持った活動であり，本物であって，コミュニカティブな言語学習と授業の本質を表している。

役割④　自己の進歩の評価者および監督者として
　学習者が自分の学習プログラムの効果的な計画者，監督者となるためには，自分の作業を評価することを学ばねばならない。このような評価は将

来の計画を立てるのに必要なだけでなく，学習を動機づける重要な源でもある。

　自己評価はいくつもの異なる方法で行える——完了した作業の経緯を書き記しておく，契約によって履修している課題の進行表を書く，小テストや学力テストの結果を教えてもらう，教師や学生仲間に相談する，などのさまざまな方法を使うことにより，学習者は学習プログラムを自分で管理していると感じることができ，どのくらい上達したか意識することができるだろう。

教師の役割
　教師中心の教室では，教師が何をするかが最も重要である。何故なら，教師の仕事が学習の質を決定すると考えられているからである。教師中心のEFL教室では，授業システムにおける提示（入力のモデル）の質，練習の管理，評価の体系（いつ，何を訂正するのか）に最も関わりがあるのは教師である。学習者の役割は，教師が行うことに依存していると言えるだろう。

　一方，学習者中心の教室では，前述の通りコミュニカティブな教室もそうした教室のひとつであるが，教師の役割は学習者の役割を実現しやすくすることである。つまり，コミュニカティブな教室で教師がすることは，学習者が授業システムの中で自分の役割を果たすのを助けることである。これを達成するために，コミュニカティブな教室における教師は，次の5つの発展性のある役割を持つ。

役割①　学習システムを運営する。
　教室での学習システムを運営することは，コミュニカティブなクラスで教師が果たすクラス全体に対する役割の1つである。
　この役割は次のことを含んでいる。
　1）コースの組み立て
　教師は，コースの組織者として，選ばれた学生をグループ分けしなけれ

ばならない。こうしたクラス作りの1つのモデルについては，この章で前述した。クラスの予定を立てるのも，クラス作りの一部である。テストの時間割もテスト自体もその中に含まれるであろう。

2）教材と授業計画

コースの運営者として，専門家としての教師はコースに適した教科書を選択する責任がある。これには，学生に自分達のやるべきことが分かるように授業の形式を決め，予定を立てることも含まれる。このような計画立案は，コースに与えられている時間数に授業を割り振ることも含んでいる。

3）学生の訓練

学習システムの運営者という役割の最も重要な機能のひとつは，そのシステムを運用できるように学生を訓練することである。ペアはどのように活動したらよいのか。記録係や報告係の仕事は何か。小グループにおいて学生達はなすべきことがらの予定をどのように立てたらよいか。2人組のうちで個人教師の役の学生は，パートナーにどのように教えたらよいのか。

コミュニカティブな授業システムを採用した場合，そのシステムの成功は，学生がそのシステムの中で活動できるかどうかにかかっている。このようなシステムを導入し運用したいと考えたことのある教師ならだれでも，これがいかに困難か知っている。一方，教師中心の授業システムは，導入と運用がはるかに容易である。なぜなら，そのシステムで重要なことは，教室での活動の全知全能なる監督者である教師の時々刻々の指示に学生を従わせることだけだからである。

コミュニカティブなクラスでは，学生達は，教師からの絶え間のない監督なしに作業しなければならない。これを行うには，教師の側におびただしい訓練と忍耐力が必要になる。教師は，与えられている限られた時間を最大限に利用することに多大な関心を払う。しかし，教師からの指示なしに物事を行うように学生を訓練するには，しばしば，多くの時間を無駄にしなければならない。というのは，学生達は今までに経験したことのないことを行うことを学ばなければならないからである。けれども，これらの「無駄にされた」時間は，後で，学生達がコミュニカティブな授業システ

ムの中でどのように作業したらよいのかを学んだ時に，つまり，学生達が相互に作用し合い，教師に指示されることなく学ぶことができるようになったときに，十分取り戻すことができる。

　コミュニカティブな教室で使用するために作られた教科書には，この授業システムの中で学生達が作業できるようにするために，どのように彼等を訓練したらよいかを詳しく書いた教師用ガイドが不可欠である。

　将来，コミュニカティブな教室では，学習者が学習計画を立てて実行していくコースを通して，どのようにして上達して行くかを学生に教えることがますます重要になる。例えば，学習契約を作ることができるようになるには，学生はどんな選択肢があるかをしっかり認識していなければならない。そして，学生達は選択肢を与えられた時に賢い選択ができるように訓練されなければならない。

　4) システムの運用

　教師は，授業毎の，また，1回の授業の中での時々刻々の授業システムの管理運営に責任をもっている。ここで管理ということの意味は，クラスの全体活動，小グループ活動，ペア活動，個人活動のバランスをどのように達成し，授業の間に教室運営の役割（後述の役割②〜⑤）をどのように実行するかを知っているということである。システム運用の例は第3章の終わりで述べる。

役割②　カウンセラー，そして相談相手として

　監督者としての役割は，教師がクラス全体に対する関わり方に関するものである。一方，クラスの個々の学生に対しては，教師はカウンセラーでありアドバイザーである。まさにこの役割を果たすために，教師は個々の学生が，自らの方針を立てて学習するように指導するのである。これは，教師が学習者1人1人の相談相手になることができなければならないことを意味する。そのためには，教師は，絶え間なく情報を与え練習をコントロールするという仕事から解放されていなければならない。このような仕事は，教材に代わりを務めさせることができる。もし教材が，現在利用可

能なさまざまなメディアを使うように注意深く構成されているなら，その教材に専門教師の代役をさせて，教師は，教材では代われない役，つまり学習者が自分の進むべき方向へ向かうのを助ける役を果たすことができる。

　カウンセラーの役として，教師は学習プログラムに関して学生を指導し，アドバイスを与える。この役の1つの側面は，学生が課題の実行に行き詰まっているときに，何をすべきかアドバイスを与えることである。また，別の側面は，学生が現在行っている課題が自分に合っていないと気付いたときに，学生が学習契約を書き直すのを助けることである。

役割③　学習と授業に関する専門家

　学生の相談にのり，学生が学習プログラムについて適切な選択をするように指導するためには，教師は1人1人の学生についてよく知っていなければならない。教師は，学習者に関する専門家として，教室での綿密な観察からしか知ることのできない学習者1人1人の学習パターンについて可能な限り知っていなければならない。

　学習に関する専門家として，教師はしばしば内省的教授（reflective teaching）とか行動調査（action research）と呼ばれるものに関与することになろう。このような活動は，さまざまな複雑さのレベル——非常に表面的なレベルから，大学の研究者が行うような非常に複雑なデータに基づく研究に至るまでのレベル——で実行されうるが，こういった研究の精巧さの度合いは，必ずしも教室におけるその実践の妥当性を反映しはしない。大切なのは，教師が自分の教授法について内省し，その内省の結果を教室での学習と授業の内容の改善のために利用することである。つまり，専門的教授とは，データ収集，調査，評価，結果の応用を全て備えた潜在的な学究的プロセスであって，授業システムの中での教師の役割の一部をなすものである。

役割④　インストラクターとして

　どのクラスにも，多くの「教師達」がいる。教科書は学生に教えること

ができる。ビデオはしばしば人間の教師よりも効果的に教材を提示することができる。仲間の学生はグループのメンバーを非常に効果的に「教える」，あるいは個人教授することができる。テープレコーダーやラジオやテレビも「教える」ことができる。そして，訓練を受けた専門の教師ももちろん教えることができる。

　これらの「教師達」全てが教えることができる，つまり学生達に学習すべき新教材を提示できるのである。専門の教師も学生達を教えるが，専門の教師のこのインストラクターという役割は，他の「教師達」を利用することができないときに利用するのが望ましい。なぜなら，専門の教師は，他の「教師」あるいはインストラクターにはできない多くのことができるからである。テープレコーダーは学習に関する専門家にはなれないし，ビデオは学生達が何か問題を抱えているときに相談にのることはできない。

　コミュニカティブな授業システムにおいては，専門の教師は，さまざまな教授手段を駆使し，自分の「インストラクター」としての仕事は最小限に絞って，授業システムの改善のために，学習者と学習の監督，相談，研究の仕事に専念できることが望ましい。

役割⑤　教室での規律の保持役

　コミュニカティブな教室は，伝統的な EFL 教室よりはるかにコントロールされておらず，グループが独自に作業する。このような求心的でない授業システムでは，必然的に，より騒がしくなり，学生達の気が散ったり授業態度が悪くなる機会が多くなる。このようなシステムでは，教師が教室の秩序を維持することにより一層の注意を払い，学生達が他のグループによって気を散らされないようにしなければならない。これが，教室の規律の保持者としての教師の役割の一側面である。

　しかし，EFL クラスで教師が教室の規律の保持役をつとめなければならないのは，秩序や静かさを維持することについてだけではない。課題中心のカリキュラムの大きな問題の1つは，学生達が課題をやり終えることだけを重視しがちだということである。コミュニカティブな教材の中の課

題は，英語を使用する時のコミュニケーションの機能と技能の訓練をするために企画されているのだが，学生達はしばしばこの英語使用を二義的なものと考え，課題に関連した問題を解決することに熱中して，母語を使用してしまいがちである。教室の規律保持役としての教師の重要な機能の1つは，学生達に常に英語を確実に使用するようにさせることである。

コミュニカティブな授業システムにおける教師は，上記のように種々の役割を担っている。教師の役割は，もちろん，採用される授業システムのタイプによって変化する。したがって，教材の執筆者は，その教材を使用する際に教師がどんな役割を果たしたらよいのかについての記述を盛りこんだ教材を作ることが重要である。

教材の役割

教材は，教室で働く第3の主要な「生産要因」である。使用される授業システムにより，教材は異なった方法で企画され，使用される。コミュニカティブな授業システムでは，教材は学習者と教師を助ける3つの主要な役割を持っている。

役割①　他の人との相互作用を容易にする道具

コミュニカティブな教室では，学習者同士の密度の濃い相互作用が行われる。このような相互作用は自然に生じるものではなく，学生達が与えられた課題を完了するためにお互いに作用し合うように要求されるから生じるのである。教材は課題を完了するのに利用できる情報を学生達に与えて，彼等の相互作用を助ける。いわば，教材が学生達をまとめるのである。

例えば，ペアで行うコミュニカティブな課題で，一方の学生がある情報を持っており，他方の学生も別の情報を持っているとする。課題を完了するには，学生達がお互いの情報を共有し（情報を交換し），その課題から生じる問題を解くために2人の情報を継ぎ合わせなければならない。教材は，そうした情報の交換を助けるように企画される。

役割②　教授器具

　教師中心の教室では，教える活動の全てを専門の教師が行うことが前提になっている。教師用ガイドは，教師にこれをどのように行ったらよいか教えてくれる。しかし，コミュニカティブな授業システムでは，多くの「授業」が，学生自身と連動して教材を通して行われるのが望ましい。そうすれば教師には自由時間が多くなり，運営やカウンセリングといった教師のより重要な役割に専念できる。

　自習用に企画された教材を使用することにより，学生がどのように学習すればよいかを学ぶのを助けることができる。課題を完了するために指示に従うことは，最も一般的で有用なコミュニカティブな作業である。もし課題遂行のための指示が，授業の中でどのように進んでいったらよいかを学習者が知るのを助けるために使われうるなら，それは，授業システムをコミュニカティブな装置として使っていることになる。EFL教育の教科書で，練習問題は英語で書かれているがその練習問題のやり方の指示が学習者の母語で書かれているのをよく目にする。このような教科書は，指示を実行するという目的を持って英語を読むことを学生に学ばせる重要な機会を逸しているのである。

役割③　学生に選択肢を与える道具

　学習者中心の（したがって，コミュニカティブな）授業システムの特徴の1つは，学習者が活動を選択することを重視するという点である。教師中心の教室では，教師が学生に選択するように指示しない限り，学生に選択の余地はない。一方，コミュニカティブな教室では，個人やペアやグループに別々に作業をさせることがある。これは，学生達に何をしたいかを選択する機会を与える。教材はこのような作業のための節（section）を別に設けているのが望ましい。このような節は，個人やペアやグループのための作業を提供し，学生達に何をするか話し合って決めさせる役割を果たす。学習過程において，話し合い，交渉，作業の全てが目的を持った言

語使用となる。

　教材は，一方では学生のコミュニケーションに関して必要とするものを満たす。他方では学生達が学習の過程およびコミュニカティブな授業システムの中でどのように学習すべきかを学ぶ過程において，コミュニケーションに関わるさまざまな役割を行うことができるように学生達を訓練するにあたって，教師が専門家として直面する問題を解決するのに必要となることがらにも対応しなければならない。そのためには，教材は，構成が柔軟性を持ち，形式は単純で明確な指示を与えるものであり，それを使用するにあたって他の人と交流することが必要となるものでなければならない。

教室の役割

役割①　学習者の必要に応じる学習環境

　教室は，クラスのメンバー1人1人がたやすく学習できるように，学生の必要に応じる学習環境であることが望ましい。そのひとつの側面は時間である。伝統的な教室では，授業は一定の時間に組まれており，学生が学習プログラムを実行できる時間は決まっている。学生の必要に応じた学習環境とは，より柔軟性があって，割り当てられた以上の時間を使いたいと望む学生にそうする機会を与えることのできるものである。

　希望する時間に自由に使える自発的学習センターの開発は，この時間に関する柔軟性に対する需要に応えようとするものである。将来のEFL教室は，学生達の多岐にわたる必要性と好みにもっと応えられるように，このように時間的に自由な自発的学習センターを基礎として作られるであろう。

役割②　複数の重点を持つ学習環境

　将来の教室は，互いに補完的な多様な学習活動を同時に行うという必要に対応する場所としても使われるであろう。このような状況では，学生達が異なる活動を行うことが容易になり，学生達は自分の参加する学習プロ

グラムのさまざまな側面を見て，経験することができる。

役割③　学習者達の自由なグループ

　将来の EFL 教室では，クラスというのは短時間の間だけ教室という「スペースを借りる」ために集まる固定した学習者のグループであるという伝統的な概念を取り払うことが望ましい。将来のクラスは，自らの必要性と好みに従って集まる学習者達の絶えることのない流れを指すことになろう。

　このようなシステムは，必ずしも「クラス」と呼ばれる学生達のグループを廃してしまうことを意味するのではなく，ある時間にある部屋に集まるという学生達に課される制約を緩めることを意味している。

<u>まとめ</u>

　以上に示した役割は，いかなるコースでも生産要因である学習者，教師，教材および教室のネットワークとして性格づけられるであろう。このようなネットワークは次のように表すことができる。

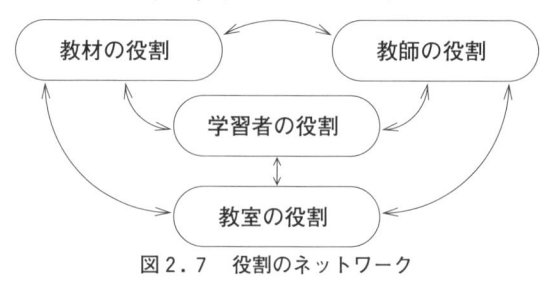

図2.7　役割のネットワーク

　このような授業システムの中で，学習者達がコースを通してどのように前進するのかは，次ページの**図2.8**のように図式化できる。

　図2.8は神田外語大学1年生の講読コースという実験的なコース（KERP）において，学生の進むことのできるいくつかの道筋を示している。この実験的な講読コースは，「言語教育研究所」が後援している神田英語能力研究プロジェクトの一環である。このコースでは，学生は自分のコース（自分の「個人的な」カリキュラム）の計画者であり監督者である

```
┌─────────┐
│ エピソード1 │   Hiroshi's 'Exciting New Adventure'
└────┬────┘   （会話形成）
     ▼
┌──────────┐
│理解度確認問題│──▶テクスト中心の活動
└────┬─────┘      1）個人活動      [1A]--[1B]--[1C]--[1D]--[1E]
     │            2）ペア活動      [2A]--[2B]--[2C]
     │            3）小グループ活動 [3A]--[3B]
     │                                ▲
     │                                │
     │         課題中心の活動           ▼
     │            1）個人活動      [1A]--[1B]--[1C]--[1D]--[1E]
     │            2）ペア活動      [2A]--[2B]--[2C]
     │            3）小グループ活動 [3A]--[3B]
     ▼
┌─────────┐
│ エピソード 2 │  The Search For Digs Begins
└────┬────┘  （図表、広告欄などによる情報）
     ▼
┌──────────┐
│理解度確認問題│──▶テクスト中心の活動
└────┬─────┘      1）個人活動
     │            2）ペア活動
     │            3）小グループ活動
     │                        ▲
     │         課題中心の活動  ◀┘
     │            1）個人活動
     │            2）ペア活動
     │            3）小グループ活動
     ▼
┌─────────┐
│ エピソード 3 │
└────┬────┘
     ▼
┌──────────┐
│理解度確認問題│
└──────────┘
```

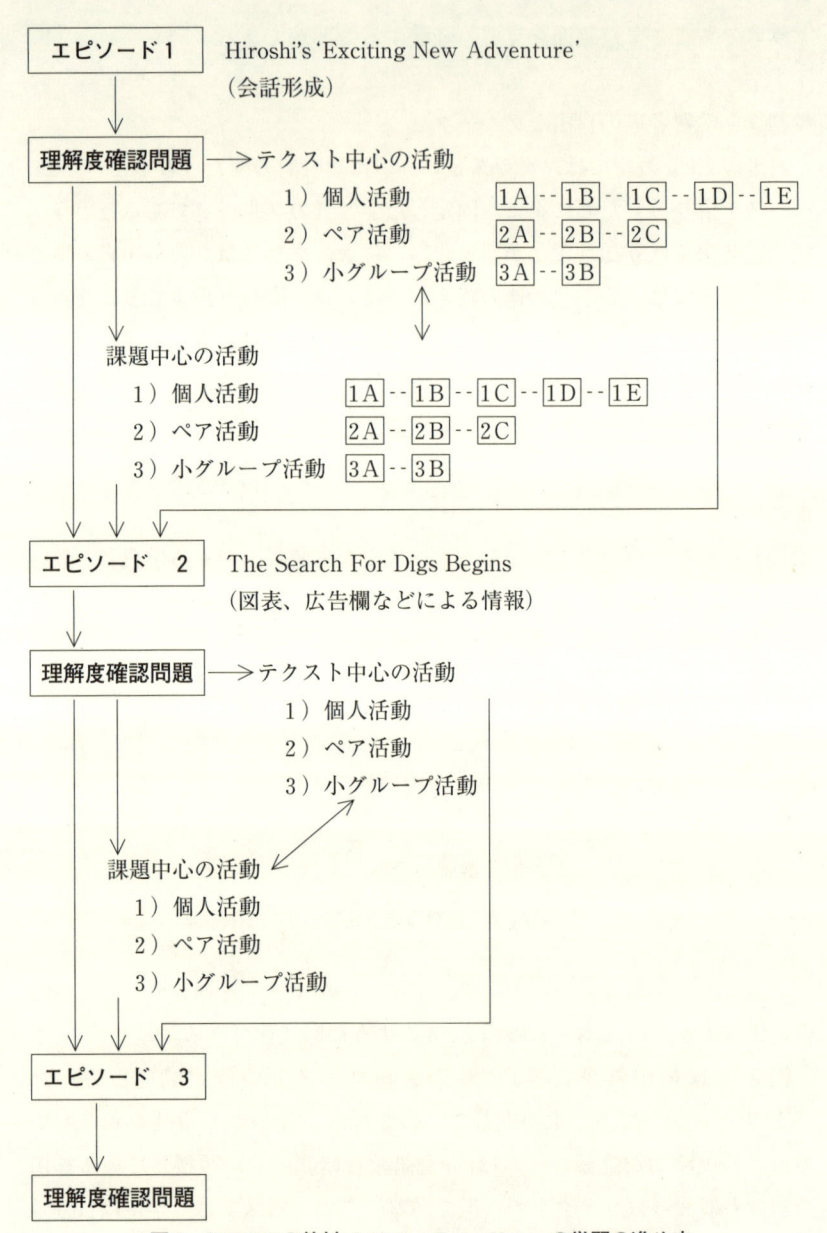

図 2．8 KERP の教材 *A Home From Home* の学習の進め方

が，コースの履修要綱を満たすためにある時間数を完了するように求められる。エピソードの講読と理解度確認問題からなる活動には，各々ある特定の時間数が割り当てられている。例えば，各エピソードの講読と理解度確認問題の実行およびその訂正は，1.5時間（90分）の授業時間にあたる活動である。

学生達が選択することのできる道筋を2つ例示する。

道筋①

学生はまずエピソード1：Hiroshi's 'Exciting New Adventure'に示されている情報を読み，そのエピソードについて理解度確認問題を完了する。もしその学生が話の筋に興味を持ったなら，次にエピソード2：The Search for Digs Beginsを読んで，そのエピソードについて理解度確認問題を完了することができる。そしてさらに，次々とエピソードを読み進んで，理解度確認問題を完了してもよい。

しかし，この道筋をたどる学生は，話を読み終わってもコースを修了するのに必要な授業時間数に達していないことに気づくことになる。そこで，彼は，元に戻っていろいろなエピソードの中で与えられた情報に基づくテクスト中心の活動，または課題中心の活動（→第3章）のいくつかを完了しなければならない。

道筋②

別の学生は，エピソード1の理解度確認問題を完了した後で，1人で行うテクスト中心の課題（例えばテクスト中心の課題1A）をやることを選択するかもしれない。その活動が完了すれば，その学生はコースに必要な授業時間数をさらに加えることになる。

テクスト中心の課題1Aを終了した後で，その学生はまた別のテクスト中心の活動や課題中心の活動を完了することにするか，あるいはエピソード2に進むことになる。もしその学生がペア活動または小グループ活動をすることにしたら，彼は他の学生が一緒に作業してくれるように調整し

なければならない。この場合に必要となる運営のためのコミュニケーションは，学生のコミュニケーション技能を発達させるのに役立つ他人との本物のコミュニケーションの重要な実例となる。

図2.8を見れば，学生が選択できる道筋が多数あることは明らかである。この授業システムは，コミュニカティブな言語学習と授業の将来の姿を予示している。そこでは，コースを通しての学生の進み方に見られる学習方法の違いや学習意欲（学生がそのコースに注ぐ時間と労力の総量）の違いなどの個人差に対応できるように準備がなされている。このような授業システムの方が，足並みを揃えた進み方による授業システムよりも学習者の必要性を満たすものである。

3　まとめ

本章では，学習と授業にコミュニカティブ・アプローチを使ったEFL教室活動の1つの側面，すなわち教室での授業システムについて述べてきた。教室での授業システムとは，教室作り（机や椅子などの教室用具，教材，学生も含めて，授業が行われる物理的環境）と教室運営（コースにおける学生の学習の進め方）であると，本章の始めに定義した。「授業システム」という用語は，もう1つのEFL教室活動の側面，すなわち教室での教授法（instructional methods）（コースの授業における学生と教師の分刻みの活動）と対比して用いられる。教授法については，第3章で論じる。

コミュニカティブな言語学習と授業は，EFL教室における教師中心から学習者中心への授業システムの変化に大きく貢献してきた。EFLの学習と授業の将来は，この学習者中心の教室での授業システムのさらなる発展にかかっている。本章では，将来の授業システムを個別的であると同時にコミュニカティブであるシステムとして，その特徴を示した。

将来のEFL教室は，学習者が，専門の教師の指導を受け，相談し，入手できる範囲内の教材をもとにして，自分の学習プログラムを計画し監督

することを学ぶという点において個別化されるであろうと予測される。また同時に，学習者たちは他の人と一緒に作業し，情報を共有し生み出すことを要求されるという点において相互的になるであろう。将来の EFL 教室の授業システムは，究極的には相互依存的になるであろう。そして，教室とは，学習者がコースを通して前進するのに仲間の学生の協力を頼む場所となるだろう。この相互依存性こそが，コミュニカティブということを将来に向けて推し進め，「言語はコミュニケーションである」という言語の定義を具体的に表すものなのである。

（注）

1) 1つの教室には常に1人以上の教師がいる。ビデオもテープレコーダーも教師である。学生に新情報を与え，学生に新たに得た知識を実際に使わせ，学生が何を学んだかを評価するという点から見て，教科書も教師である。但し，これらの「教師たち」は，教室作りと教室管理に関するここでの記述における「教師」，つまり学生の学習に責任を持つ職業的訓練を受けた人間と区別するために，「教育補助具」と呼ぶ方が適切かもしれない。
2) EFL 教室におけるこのような授業システムの実践については、Johnson & Bratt-Paulston（1976），pp.187-217に述べられている。
3) 出版社は，教室作りと管理（マクロ的方法論）に関する限り，現状を維持することに関心がある。学習の組み立てと管理を変えるには新しいタイプの学習と授業を可能にする教材の開発が先決であるが，EFL の分野では出版社からの支持を求めることはできない。出版社は，現在の授業のやり方の中で売上の最も多く得られる最小共通項的内容と方法論にしか興味を持っていないようである。
4) しばしば、自習センターと呼ばれる自発的学習センターに関する文献については、参考文献一覧を参照。日本におけるこのタイプの活動の一例は、神田外語学院の自習センターである。その詳細は Harrison & Kincaid（1994）に述べられている。
5) 学習者のこの役割については、Johnson（1973）および Johnson & Bratt-Paulston（1976）を参照。この役割は、JILAP および The Hawaii English Program という二種類の教材の企画において実行されている。後者は、1960年代

後期から1970年代初期にかけてハワイ州全土で使用された。
6）コミュニカティブな学習とは，人と人とが直接に情報を交換する物理的相互コミュニケーションだけではなく，読者や聞き手がテクストの目的と意味を理解しそれに反応できるようになっている環境でテクストを解釈することができる，知的相互コミュニケーションをも含んでいる。後者は，学生が一人で学習する場合にも使うことができる。
7）もちろん，学生達がEFL教室でのこうした交渉を母語で行ってしまうかもしれないという反論もある。それは事実である。しかし，それは，EFL教室でのいかなる活動や作業においてもまた事実である。ロールプレイで旅行業者の役を演じることと仲間からの助力を得られるように調整することの間の違いは，前者が作られた課題であるのに対し，後者が本物の目的をもった課題であるという点である。
8）これに関する詳細はJohnson, Delarche & Marshall（1994）を参照。

第3章

コミュニカティブな言語学習活動の実例

　この章では，コミュニカティブな教室での授業における学生と教師の時間の流れにそった活動について述べる。教えるときに教師は何をするのか，そしてコミュニカティブ・アプローチで英語を学ぶとき学生は何をするのかということについて考察する。

　時間の流れにそった分刻みの行動としての教室での活動は，外国語学習と授業に関する理論から実践という連続体があるとすれば，その一方の端にあたる。第1章でコミュニカティブな学習と授業を形成しているいくつかの原理について述べたが，これらの原理は連続体のもう一方の端，すなわちそれに基づいて教室での分刻みの活動が行われる理論を代表するものである。本章では，第1章に述べられている原理の教室における実践例を示して，理論から実践への連続体の一貫性を明示することを目指す。

　教室での活動は，学生と教師が授業で使う教材に左右される。教室で何をするかを決定するときには教科書が重要な役割を担うので，本章では，まず，コミュニカティブな教科書の構成の側面をいくつか見てみよう。教室でのコミュニカティブな活動の性格を知り，その活動が授業の他の部分とどのように関係するのかを知るために，学習コースと教科書の構成の単純化したモデルを見ることにする。

　第1節では，日本における外国語としての英語教育のためのコミュニカティブ・アプローチに基づく教材から，教室での活動の例をいくつか取り

上げて考察する。今までにも，第二言語としての英語(ESL)教育と外国語としての英語(EFL)教育のために開発されたコミュニカティブな教室活動について，何冊もの本が書かれてきた。これらの本のいくつかは，本章および本書の他の部分で言及されている。最も包括的なものは，ハーマーの *The Practice of English Language Teaching* とレグトケとトマスの *Process and Experience in the Language Classroom* の2冊である。

第2節では，日本の2つの教育機関が，コミュニカティブな EFL 教室での学習と授業に関する現在の知識を使い，またその将来の方向を研究するために，どのように教科書を作成してきたかについて論じる。ここではまず，神田外語学院の学生のために特別に準備された教科書である *Options* に掲載されている教室での活動をいくつか考察する。次に，コミュニカティブな教室での学習の仕方を，日本人の学生にどのように教えたらよいのかについて述べる。そして最後に，日本における外国語としての英語学習の過程における個別化，個人間のコミュニケーションおよび相互依存性の原理に基づく実験的なコースのための教材をいくつか考察し，これらの教材がコミュニカティブな言語学習と教授理論の将来を予測する試みを代表するものであることを示す。

1 コミュニカティブな教科書の構成の諸相

教科書（教材）は，教師と学生が学習コースの中で使う道具である。教師も学生も教科書に頼って教室での活動を決めるので，教科書は非常に強力な道具である。実際，教員養成に携わっている人達は，現代の原理を使って教えるように学生達を訓練しても，教育実習の際には配属された学校で使うように「要求している」教科書に合わせて別のアプローチを採ってしまうと，しばしば不満を述べる。

ここで，学習コースと教科書の構成の簡単なモデルを見てみよう。モデルを検討することにより，コミュニカティブな教科書をオーディオリンガルの教科書などの他の教科書と異なるものにしているいくつかの特徴を，

際立たせて示したい。

　図3.1に示したモデルは，教材の構成を描写する上で，授業内容（コースで教えること）と方法論（選択された内容をコースでどのように教えるか）の間に従来通りの区別をしている。このような区別は，学習と授業の過程を分析するのに都合の良いものではあるが，多少誤解を招きやすいかもしれない。例えば，相互作用の仕方（人と人とのコミュニケーションの方法）と学習方法（個人的な学習方法）を，授業内容の中に入れて考えるのは，教授内容と教授法をきちんと区別をしていないように見えるかもしれない。そして，次のような疑問が投げかけられるだろう。教師は学生に学習の仕方を教えられるのか？　さらに，そのような相互作用の仕方や個人的な学習方法が言語訓練の授業内容の目指すところなのか？　それとも，それらはある種の授業システムに基づく学習の副産物として獲得される（吸収される）と考える方がより適切であろうか？　もちろん，それは主題やテクストといった他の内容範疇とは非常に異なるが，それでも「どのように学ぶかを学習すること」は，言語をコミュニケーションの技能として教える現代的アプローチのすべてにおいて，授業内容の不可欠な部分と考えられているのである。

　混乱を生じさせる可能性もあるが，ここでは，教材の教授内容をどのように選択するのか，そして選択した内容（一般にコースのシラバスと呼ばれるもの）をコミュニカティブな方法論ではどのように教えるのかという2つの側面から，コミュニカティブな教科書の構成を考えることにする。

1-1　コミュニカティブな教材の内容
技能中心

　図3.1に示した教材の企画のモデルは，コミュニカティブなコースや教科書における授業内容の選択および順序付け（gradation）の基礎として，技能の重要性を強調している。このようなコースや教科書の目標を設定する際には，次のようなことがらを自問しなければならない：我々はコースの終了時に学生達に何ができるようになっていて欲しいのか？　コー

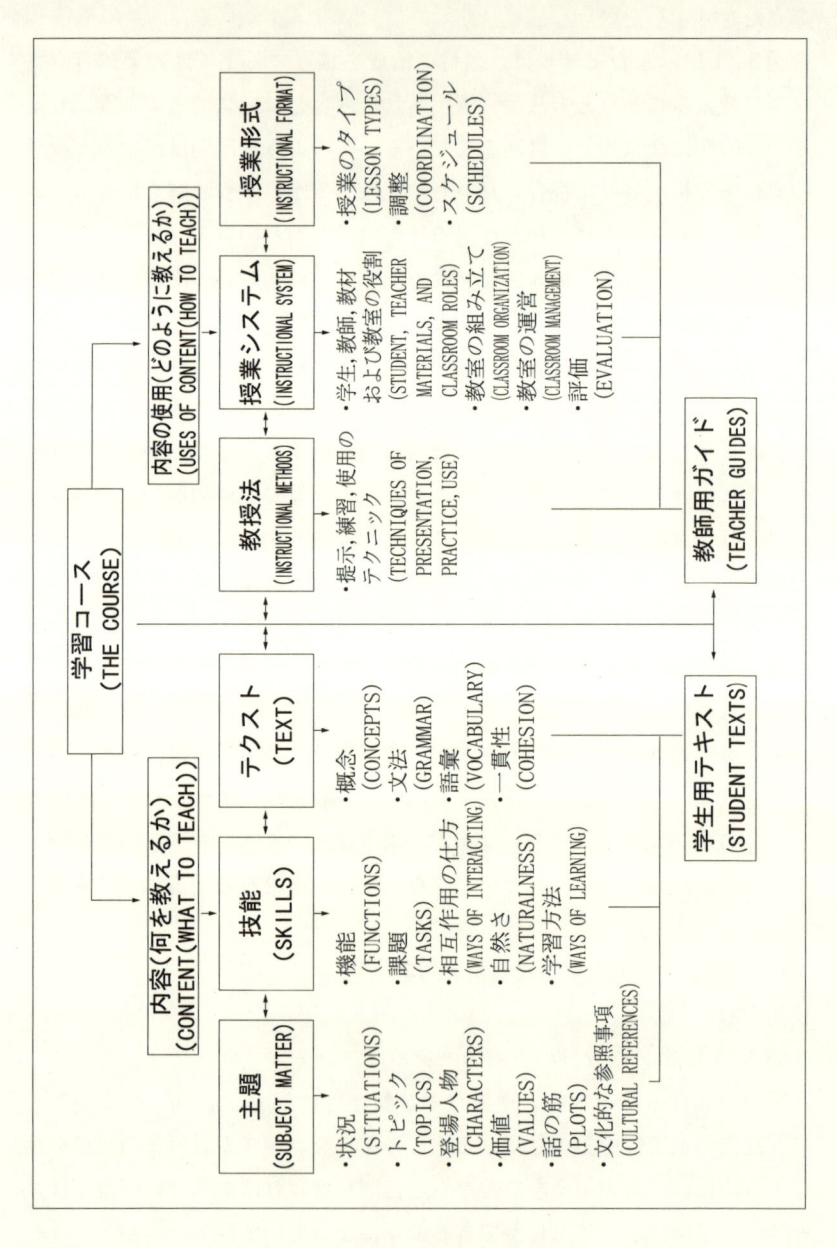

図3.1　コースと教材の企画のモデル

スの終了時までに学生達は（英語使用の）どんな能力を身につけているのか？

　学習コースの目標に関するこうした質問は，「オーディオリンガル」アプローチ（このアプローチではシラバスが教科書を中心にして決定される）などの他のアプローチに対する質問と非常に異なっている。オーディオリンガル・アプローチのように教科書に重点を置いた場合には，次のような質問が出る：我々はコースの終了時に学生達にどんな単語，どんな文構造，どんな言語概念を知ってもらいたいのか？　コースの終了時に学生達は言語使用に関する母語話者の知識にどれだけ近づいているのか？　また，EFL コースでの学習と授業の内容を決定する主要要因が「状況」であるとする（この場合は主題に焦点が置かれるのだが）アプローチでは，質問は次のような事柄を含むであろう：学生達は郵便局や学校やスーパーマーケットなどの状況に関してどんな語彙を知っているのか？

　技能に授業の焦点を置けば，学生達にさまざまな目的のための言語の使用を学ばせることをコミュニカティブな言語学習の中心的関心事にすることが当然のこととして受け入れられるであろう。なぜなら，さまざまな場面で言語を使うことを身につけることによってこそ，学んでいる外国語の体系が学生の言語能力の一部になるからである。人々が言語をどのように使うかということの重要性は，後述の教授法に関する個所でも強調されることになる。

　技能こそが学生が学習コースで学ぶことの中心であるとしても，その場合にもシラバス（授業内容）の細目を決定するのにいくつもの方法がある。どの方法が最も効果的かは，そのコースの既決の目標や目的によって変わる。例えば，もしもそのコースが英語使用国に住む大人の移民を対象にした ESL コース（例えば，オーストラリアで新しい移民を対象に発達したコースなど）なら，コース参加者に行わせる課題として，日常のコミュニケーションの必要性の一部である実社会における個人間のコミュニケーションに関するものから始めるのが最も適当であろう。

　選択された課題は，学習者が実行する課題として用いられ，同時に，学

習者に必要な言語機能として設定されたシラバスの指定項目の核となるであろう。次に，選択された課題に合った本物の文脈を用意できるような主題（文脈，トピックなど）が指定され，さらに，学生がそのような主題について意思の疎通を図ったり指定された課題を完了したりするために必要となるテクスト（概念，統語構造，語彙など）が指定される。

EFLコースとは，英語が第二言語としてではなく外国語として使われている国で，職業や研究などの特殊な，限定された目的のために英語を使う必要のある人々を訓練するように企画されたコースであるが，その場合も，ESLコースと同様のシラバス作成の手順が採られる。例えば，日本における職業的目的のための英語（English for Occupational Purposes, 以下EOP），つまり観光ガイドやホテルの職員やフライト・アテンダントなどの職業で英語を使えるようにする職業訓練コースはEFLコースの1つのタイプであるが，このEOPコースはESLコースと同じ手順に従って企画される。なぜなら，EOPコースが目標とする成果あるいは習得技能（つまり，特殊な目的のために特殊な文脈で英語を使うことができるようになること）は，ESLコースの目標とする成果と同じだからである。ESLとEOPの違いは，ESLに関わる文脈と技能の方がより広範囲であるということである。授業内容をこのように特定するやり方に基づいたEFLコースの好例として，神田外語学院で作成された*Options*シリーズの中の*English for International Business*（国際ビジネスのための英語）という教科書があげられる（KIFL (1995))。

これらのコースでは，習得される技能，即ちコース参加者が結果として何らかの行為ができるようになることが，そのコースの目標達成の基準である。それは，コースへの参加の結果として学生が熟達する能力のことである。

実社会での課題（例えば，銀行口座を開設するために申し込み用紙に書き込むとか，顧客に対して遅れていることを謝るなど）は，特定の状況の下での言語の機能である。しかし，ほとんどの一般EFLコースではどの学生達も英語を使わなければならない特定の目的を持っていないので，コ

ミュニカティブな言語学習コースの授業内容は，まず言語の機能――学生が英語を使うときにできなければならないと思われること――に基づいて授業細目を指定することになろう。つまり，コースの授業内容と教材の細目指定の中心は，一連の言語の機能である。コミュニカティブなEFL学習と授業では，これらの機能を上手に実行できるようになることが，学生達が最終的に英語の体系をいかにして脳の中に取りこむかを決める基礎になると考えている。このようなクラスのねらいは，ESLコースのねらい――英語の体系を学生の脳の中に定着させること――と同じであり，さらに，これらの目標の達成が課題中心の性質を持っていることもESLコースと同じであることを指摘しておくべきであろう。しかし，EFLコースの課題そのものは，シラバスに特定された授業内容ではない。他方，ESLコースでは，授業内容は「実社会」で有用性を持つものである。一般に，EFLコースの学生達は，シラバスの授業内容を学ぶ方法（以下で方法論として論じるもの）の一部として課題を完成させる。

　このようなEFLの状況では，コース企画者と教材執筆者は，言語機能の範疇とリストを持っていて，そこから取り上げる機能を選択することができる。その一例が，1971年に語学カリキュラム開発プロジェクトとして始められた the Council of Europe Modern Languages Project から発行されている。このプロジェクトはシラバスやカリキュラムの項目指定に有用なさまざまな研究成果のひとつとして，言葉によるコミュニケーションに関わる6つの範疇に基づく言語機能のリストを作成した。その範疇は，下記の通りである。

　　1．事実を伝えたり探し求めたりする。
　　2．知的態度を表現し発見する。
　　3．感情的態度を表現し発見する。
　　4．倫理的態度を表現し発見する。
　　5．物事をしてもらう（説得）。
　　6．人と親しくなる。
　これは，網羅的なリストと見なされるべきものではなく，授業項目や教

材の執筆者がコースの授業内容を作成するときに情報を引き出す情報源の一例を提示しようとしたものである。

　他の学者達，特に Halliday (1973) は，別の言語機能の分類とリストを考えている。そのリストは，もちろん単なる機能の分類ではなく，コース企画者のために作られたものである。次に挙げるのは，「知的態度を言語で表現する」という機能のリストの一部分である（van Ek (1979)）。

　　2．知的態度を表現し発見する。
　　　2．1．賛成や反対を表明する。
　　　2．2．相手に賛成か反対か質問する。
　　　2．3．何かを否定する。
　　　2．4．申し出や招待を受ける。
　　　2．5．申し出や招待を断る。
　　　2．6．相手に申し出や招待を受けるのか断るのか質問する。
　　　2．7．何かをしようと申し出る。
　　　2．8．自分が何かあるいは誰かを覚えているか，それとも忘れてしまったかを述べる。
　　　2．9．相手が何かあるいは誰かを覚えているか，それとも忘れてしまったか質問する。
　　　2．10．あることが可能だと思うか不可能だと思うかを述べる。
　　　2．11．あることが可能だと思うか不可能だと思うか質問する。
　　　2．12．自分ができるかできないか述べる。
　　　2．13．相手にできるかできないか質問する。
　　　2．14．あることが論理的帰結と思われるかどうかを述べる（演繹）。
　　　2．15．あることが論理的帰結と思われるかどうか質問する（演繹）。
　　　2．16．あることがどのくらい確かあるいは不確かだと思うかを述べる。
　　　2．17．あることがどのくらい確かあるいは不確かだと思うか質問する。
　　　2．18．自分があることをすべきであると思っているか思っていない

かを述べる。
2.19. 自分があることをすべきかどうか質問する。
2.20. 他の人があることをすべきか，しなくてもよいかを述べる。
2.21. 他の人があることをすべきかどうか質問する。
2.22. 何かをする許可を与えたり求めたりする。
2.23. 他の人が何かをしてもよいとされているかどうか質問する。
2.24. やってはいけないと言う。

主題

　言語機能のリストは，コミュニカティブなコースや教科書の内容あるいはシラバスの基礎となる。Finocchario & Brumfit（1983）もそうした例をひとつ記述している。しかし，シラバスの中に組み込まれる機能のリストは，教授内容の細目を指定する出発点に過ぎない。語学教育に関する古い格言にも"You can't talk talk, and you can't write writing."（話すこと自体について話すことも，書くこと自体について書くこともできない）とあるが，教師と学生は「何か」について話したり書いたりしなければならない。すなわち，シラバスは，教科書が技能を発達させるために使う情報に基づいていなければならないし，またその細目を指定しなければならない。図3.1のモデルでは，この情報に「主題」という名前が付けられている。

　主題とは，その中に学習者が学ぶ技能が含まれ表現されている情報である。EFLコースの学習者達は，他の人と相互作用することを学びながら，情報の交換や生産の技能を身につけてゆく。彼等は，技能を発達させる方法を覚えるのではなく，情報を表現し，交換し，生産する方法を，技能として身につけるのである。

　主題は，意味の表現に欠くことのできない文脈（状況）だけでなく，語用論の研究成果をも含んでいる。談話のスクリプト，図式，パターンなどは主題の基礎の一部になっており，それを通して機能と課題が教えられ学習されるのである。

歴史的には，コミュニカティブな教科書は，状況を取りこんだ（situational）言語教育へのアプローチの中で発達した伝統的な教科書にそっている。この種の教科書は，言語構造の重要さを認識してはいるが，意味とそれを表す文脈や状況の重要性を強調してきた。状況を取りこんだ教授法に基づく最良の教科書のひとつである *English for Newcomers to Australia* (Commonwealth Office of Education (1956))の序文は，このアプローチを次のように要約している。

「翻訳ではなく状況が，新しい構造の意味を教えるのに使われる。1つの状況で教えるのは，1つあるいは1グループの構造または文型に制限されている。その状況で起こりうる他の構造を教えることはしない。状況を取りこんだ教授法は，統語上の語とそれらを導入する順序の重要性を認識している点において構造的である。この教授法は，英語を母語とする話者ならば簡単に理解できる母語話者の英語を理解することを重視する点において口頭的（oral）である。また，この教授法は，新しい構造を提示するときにもその構造を練習するときにも，実際の状況を使う点において，状況を取り込んでいると言える。」

テクスト

コースで何を教えるかを選択し順序づけて配列する過程における，授業内容の3番目の要素は，テクスト（すなわち言語的内容）である。テクストとは，人々が互いに話をするときに使う語や文構造や文型や概念などの言語形式，すなわち実際に使われている言語の記述である。以前の言語学習と授業においては，言語はテクストと同一視されていた。教師は，学生に言語（テクスト）を教えてからその言語をどう使うかを教えるように指導されていた。つまり，言語教育とは本質的にテクストを教えることであった。

しかし，コミュニカティブな言語教育では，前述のように，言語使用の技能に重点が移された。このような考えでは，言語をコミュニケーションのために使われるテクストと同一とは見ていない。言語とはコミュニケー

ションそのものであり，コミュニケーションとはさまざまな方法でテクストを使うことを含んでいる。教室でこれら2つの言語観の違いがどのように現れるかについては，後で「理解すること」（例えば聞き取りや読み取り）という授業目的と，「自分の理解したことを使って何かを行う」（課題を遂行したり問題を解いたりする）という授業目的の違いについて述べるときに詳述する。

テクストの選択，順序づけ，配列が教科書とコースの授業内容の細目を指定する上での重要な部分であることに変わりはないが，それは他の授業内容の指定の前に行われるのではなく，むしろ後で行われるべきである。コミュニカティブな言語教育が広く認められて以来重要性を増したテクストの一側面は，語彙教育である。オーディオリンガル式の言語教育では，語彙の習得は言語教育の専門家達からほとんど注目されなかった。しかし，コミュニケーションにおいて意味が新たに注目され始めるにつれて，語彙教育が再び重要度を増し，評価されてきた。

技能，主題およびテクストという3つの範疇の使い方やその組み合わせ方は，教材執筆者によって異なる。例えば，広く使われている教科書で，コミュニカティブな方法で聞き取りと話すことを教える *Person to Person* (Richards & David (1984)) では，次に示す例のように，各々の単元の教授内容は言語機能のリストになっている。

UNIT 6　Are you doing anything tonight?
1．Informal invitations: accepting
2．Informal invitations: declining
3．Beginning an invitation
4．Suggesting another time
5．Setting the time and place
6．More formal invitations: accepting and declining
7．Setting another time——more formally
8．Setting the time and the place——more formally

この授業内容の指定は，その単元で教えるトピックと機能だけをリストしている。
　教材の内容の記述において，技能，主題およびテクスト（あるいは，他の名前で呼ばれることもあるが，内容を決定するこれら3要素）を配列するさまざまな方法が，しばしば，その教材を企画する際にどの教授法を想定しているかを示してくれる。図3．2は，学習と授業へのコミュニカティブ・アプローチに基づく現在のEFL教科書の目次の典型的な例である。

教室での活動と練習

　言語の機能は，教材の内容の選択，順序づけ及び配列の基礎となるが，それらの機能を主題やテクストの中にうまく包み込んで初めて，学生と教師が行う教室での活動や練習を作り上げることができる。そして，これらの教室での活動と練習が，教師用と学生用の教科書の内容なのである。
　これらの活動と練習の一部分は，テクスト中心的であろう。テクスト中心の練習とは，学習者の注意をテクストの言語構造——つまり言語の文法と意味——に向けさせる練習である。テクスト中心の練習の成果は，学生が正しいあるいは適切な語および文を作り出すことである。このような練習は，EFLの学習と授業の歴史全体を通じて数多く作られてきた。こうした練習では，普通，学生は，何が英語の正しいテクストかという教師の見解に従って教師から誤りを訂正される。
　また，これらの活動と練習の一部分は，課題中心的であろう。課題中心の練習では，何かを行うこと，つまり課題を完了するために言語を使用することに学習者の注意が向けられる。課題中心の練習と活動こそが，コミュニカティブ・アプローチによるEFLの学習と授業を特徴づけるものである。
　ここで論じているモデルでは，技能に基づくシラバスの細目指定に焦点を当てているが，コースや教材の執筆者達が従う定まった順序があるとは仮定していない。しかし，重要性の階層は仮定している。

第3章 コミュニカティブな言語学習活動の実例 — 85

Table of Contents

Unit		Page	Topics	Language Focus Functions	Language Focus Structures	Learning Strategies	Communication Challenges
1	The World of Work	9	• employment • occupations • descriptions • identification	• identifying people • discussing pros and cons of jobs	• relative clauses with *who* • adjectives ending in *ed* and *ing*	• making inferences* • selective listening • choosing • evaluating • skimming • personalizing	• Survey: What kind of person are you?
2	Making Contact	17	• the past • personal qualities • relationships • messages	• talking about past events • giving and receiving messages	• past progressive and simple past • requests with *ask* and *tell*	• discriminating* • evaluating • selective listening • practicing • role-playing	• Role-playing: Taking messages
3	Fifty Years From Now	25	• the future • probability • lifestyles • technology	• talking about future ability • discussing likely and unlikely future events	• modals: *will/won't be able to* • *if* clauses: future events	• diagramming* • brainstorming • selective listening • predicting • scanning • skimming	• Information gap: Life in the future
4	Looking Back	33	• significant events • narratives • cultures • archaeology • discovery	• reporting what someone says • saying what people have been doing	• reported speech • present perfect progressive	• using context* • predicting • selective listening • cooperating • choosing	• Spot the difference: Hurricane
5	Review	41					
6	The Right Thing to Do	43	• requests • excuses • habits • gossip • small talk	• making polite requests • making excuses • talking about past habits	• requests with *could*, excuses • *used to*	• using a dictionary* • predicting • personalizing • selective listening • choosing • cooperating	• Information gap: Mystery person

図 3．2　ATLAS Learning-Centered Communication : Book 3 より

例えば，コース内容を組立てる時,「主題」から始める企画者もいれば,「テクスト」の観点から始める企画者もいるだろう。どちらから始めるかは重要ではない。それは，コースが何に焦点を絞っているかによって決まる。重要なのは，その提示の順序（並べ方）から生じる教室での活動の焦点が技能に絞られていることであり，習得のねらいである技能を学生が発達させうるように適切な主題とテクストを選択することによって，その焦点を明確にすることである。

コミュニカティブなコースは，究極的には，授業内容やコースの細目を決定する手順によってではなく，学生が行う活動の性質によって，コミュニカティブなものであるかどうか判断される。しかし，近年，出版者の広告に，宣伝中の教材は「コミュニカティブな教材」であると言うことが流行している。

教材がコミュニカティブかどうかは，技能が主題やテクストより先に指定されたかどうかによって決まるのではなく，むしろ，教室での活動を完了するのに密度の濃い個人間の相互作用を必要としているかどうか，教室での活動が「正しいテクストを作ること以上のこと」を目的としているかどうか，教室運営活動（活動をどう完了させるのかという点に関する学習者への指示）が学習対象の言語（例えば英語）で行われるか母語で行われるか，等々によって決まるのである。

あるコースがコミュニカティブな EFL 学習と教授法に基づいているかどうかを判断する際に究極的に重要なことは，その教室でどんな方法論がとられているかということである。図3.1のモデルにおいては，方法論の方が，教授内容よりも重要なのである。

1-2　教室におけるコミュニカティブな方法論

これまで，コースや教科書の構成のモデル（図3.1）を使って，コミュニカティブな言語教育のいくつかの特徴を見ながら，何を教えるか，つまりコースと教科書の内容をどのように決定するかについて述べてきた。次に，コミュニカティブなコースと教科書が採用する方法論を決定するい

くつかの原理，つまり選択された内容をどのように教えるかについて考えてみよう。

　これまで，コミュニカティブな言語教育の原理が受け入れられたことによってもたらされた，言語教育における最も重要な変化は，教室での教授法，つまり教師が言語を教える方法の変化であることを主張してきた。コミュニカティブな言語教育の方法論は，次のような点に変化をもたらした。

　　　教室における授業システム（classroom instructional system）――教室と学生を組織する方法およびクラス全体での学習の運営方法――マクロな方法論

　　　教授法（instructional methods）――学生が新しい言語単位を学ぶ方法――ミクロな方法論

　　　授業形式（instructional format）――聞く，話す，読む，書くという4技能がどのように互いに関連するのかを示すように，教科書の単元（章）を組立てる方法――授業のタイプ

教室における授業システム

　図3.1は，クラスの学生達がどのように組織され，その組織に基づいて学習がどのように運営されるかということが言語学習の方法論で最も重要な側面であることを示している。コミュニカティブ・アプローチでは，他の人との間で言語を使う機会を多く持つことの必要性を強調している。学生達は，新たに学習した言語を教師の監督の下で使うだけではなく，互いに自由に目的をもって使わなければならない。これは，学生達が教師が常に監督していなくても作業できるように，新しい形式の組織を作り，学生をグループに分けることを意味する。そして，このような組織によって，学習の運営および学習の進め方を，教師と教科書にコントロールされた足並みを揃えたやり方とは違うものにすることができた。

　こうした変化のもたらした影響については，既に第2章で述べた。方法論のこうした側面――学生達にクラス全体での学習を強いないこと――は，究極的には，コミュニカティブな言語教育の主要な貢献であると考えられ

る。

コミュニカティブな教室における教授法

　図3.1は，教授法とは，コースや教科書の内容を提示し，練習させ使用させることであると説明している。コースのシラバスによって，授業内容——教えるべき新しい言語事実，新しい授業内容を教える順序，そして（授業や単元での）授業内容の組立て方——が明らかにされる。教授法はこうした授業がどのように教えられるのかを細かく規定する。どのように（how）ということは次の3つの部分に分けて述べられる——学生達が学習できるように新しい言語表現をどのように提示するのか，学生達は練習を通してどのようにその新しい表現に親しむのか，そして学生達は作業を行うために新しい表現をどのように使うのか。

　この過程におけるコミュニカティブな方法論独自の貢献は，3番目——新しい言語表現の使用——における貢献である。この方法論は，練習と使用の区別に貢献しているが，この区別は外国語教育においてまだはっきり理解されていない。

　もちろん，コミュニカティブな方法論が，新しい言語表現を提示するのに最も適した方法に関して重要な貢献をしてきたというのは事実である。文脈の重要性およびテクストと文脈の関係の重要性を強調すること——文脈の変化がどのように意味を変化させるか，このことが学生に新しい言語表現を理解させる上でどれ程重要か——これらの点が教授法に対する重要な貢献である。同様に，この方法論が有意義な練習にこだわることも重要な変化である。しかし，コミュニカティブな教授法の重要性は，授業の過程において言語使用に対して次に示す第3番目の段階を付け加えたことである。

　コミュニカティブな教授法は，学生が新しい言語表現を学んだかどうか確かめるためにその表現を使う練習をさせる以上のことを教師に要求する。練習と使用の違いは，恐らく交換された情報（exchanged information）と産み出された情報（created information）の違いによって説明するのが最

適であろう。学生達が言語を練習しているとき，彼等は情報を交換しているのである。一方，彼等が言語を使用しているときには，彼等は情報を産み出しているのである。

教師が新しい言語表現を学生に提示するとき，その表現とはテクスト，すなわち，語・文・「時」・「原因」・「条件」などの概念，語順・統語構造・文型などの形式である。教師はこのテクストを情報，すなわち，言語形式によって表現された意味として提示する。学生達は情報を理解し，授業の練習の時間に互いにあるいは教師と情報を交換することによって，彼等が理解していることを示す。最初のうちは，提示された情報が正しく理解されているかどうかを確認するために，文脈にはめこんで提示されたテクストを単に繰り返すだけの練習であろう。しかし優れた教師は，学んだ情報が広く応用できることを示すために，次第に練習を類似した新しい文脈へ移行させていくだろう。それでも，焦点はまだ情報の交換，テクストの理解と用法，つまり人々が情報を表現するのにどのように語を使うかという点に置かれている。

語学教育の中の提示と練習の段階は，テクスト中心，用法中心である。学生達が情報を交換する際に作り出そうとする言語は，受け入れられる正確な用法に照らして訂正される。発音は十分に正確か？　正しい形をした動詞が使われているか？　形容詞は正しく名詞の前に置かれているか？　等々。

伝統的な言語教授法はテクスト中心，用法中心で，情報の理解と交換を含んでいた。言語使用という段階がそこに加えられるということは，学生が知っている情報を使って何かを行うこと，例えば，課題を完了するために使うことを意味する。これにより，彼等は新しい情報を作り出すために，情報の交換以上のことを行う。課題をし終えるのに使われるのは，テクストではなく情報である。

第1章で指摘したように，課題の最も重要な特徴は，「正しいテクストを産み出すこと以上の目的」をもっていることである。課題を完了しようとしている人は，一般に認められた標準的用法にしたがって正しいテクス

トを作り出すことよりも、何かをすることの方に興味をもっている。例えば、私が書類に署名するためにペンが必要な時に、近くの人に"Give me pen, please."と言い、その人が私にペンを貸してくれたら、私は署名をして課題を完了できる。ここで私が使った文は英語の正しい用法に従っておらず、良い文ではないが、そのような不一致はこの場合重要ではない。私の目的は課題の完了、つまり書類に署名することであり、その課題は満足のゆく形でやり終えられたのである。

この例は、課題中心の活動がテクスト中心の活動とは別の方法で評価されることを示している。テクスト中心の活動は、産み出された言語がどれだけ正確に一般に認められた標準的用法を反映しているかによって評価される。一方、課題中心の活動は、課題が満足のゆく形でやり終えられたかどうかによって評価される。

言語の学習と授業では、課題とは、学生達がテクストの学習を通じて習得した情報に基づいて行う教室での活動である。次に、学生達がテクスト中心あるいは課題中心の学習を通じて学んだ情報を使う教室での活動、すなわち課題中心の活動をいくつか眺め、それらの課題がやり終えられたのかどうかを判定する方法をいくつか考察する。

教科書については、どの教授法を採るかということによって、新しい授業内容の提示、練習、使用に関連した学習段階の細目が決まる。これらの段階は、時には、教室でのテクニックとか言語データのサンプルの使い方に関する指示と呼ばれる。

次に示すのは、こうした指示の例である：

Match the beginnings and endings of the sentences. (それぞれの文の始めと終わりをつき合わせてみなさい。)

Look at the map on page 45. (45ページの地図を見なさい。)

Find the way to the airport. (空港への道順を見つけなさい。)

Write (T) beside the sentences that are true. (事実に合っている文の横に (T) と書きなさい。)

これらの指示は、データを使って何をするのか、練習をどう実行するの

かについて学生達に話すための運営（management）上の指示，あるいは運営テクニックと呼んでいる著者もいる。

　英語を外国語として教える教材では，こうした運営上の指示が英語で与えられることが重要である。何故なら，それらの指示自体が，学生が行うべき言語課題を表しているからである。実際，このような指示だけがEFL教室で学生の実行すべき唯一の本物の課題であると言える。それ以外の練習や活動は，それらがどんなに「コミュニカティブな活動」や「課題中心の活動」であろうとも，"Open your textbook to page 25." というような運営上の指示を実行するのが本物であるという意味においては，本物ではないであろう。後者は，第1章で列挙したコミュニカティブな課題の特徴を全て備えている。つまり，このような指示は現実的で目的を持ち，言語的な点ではなく，指示を与えるという，より上位の目的に関して確認することができる。つまり，学生が作業に使う教科書を用意していて，指定されたページを開いているかどうかを確認できるのである。

　EFL教育の多くの教科書で，これらの指示は，おそらく学生が何をすべきかを理解しやすいように，学生の母語で与えられている。しかし，そうしたやり方では，学習は，学習課題を完了することではなく，外国語のテクストの操作になってしまう。

　こうした区別を本書は非常に重要視している。なぜなら，それはテクスト中心の教室活動および練習と課題中心の教室活動および練習の区別を明らかにするからである。あるコースまたは教材で用いられる教授法については，コミュニカティブな方法論の最も重要な貢献は，正確なテクストのモデルに従って教師が正誤の判断を下す単語や文を産み出すという目的を越えた，より上位の目的を持つ練習に価値を置いたことである。このような練習は，作業の観点から課題と定義されてきた。例えば，教師が"Point to the picture of the dog."と言って，学生達が犬の写真を指さしているかどうかチェックする——授業のこの段階は課題中心の活動である。次に，教師が"Say…"と言い，学生達が"……"と言って反応する——授業

のこの段階はテクスト中心である。

　どんなコースもテクスト中心の練習および活動と課題中心の練習および活動の混合体であろう。何故なら，言語を学習する際（テクスト中心の練習を通して）言語そのもののシステムにも注意を払わなければならないし，（課題中心の練習を通して）人とのコミュニケーションの道具として言語をどのように使うかにも注意を払わなければならないからである。こうした混合体の練習の例は，本章で後述する。

コミュニカティブな教室における授業形式

　図3.1は，外国語の学習と授業の方法論を描写するのに役立つ授業形式のいくつかの側面を挙げている。もちろん，言語のコミュニカティブな授業によって最も大きく影響を受けたのは，授業形式の定義であった。われわれは言語の授業に対して今までと違った見方をするようになった。

　伝統的な授業は，人間のコミュニケーションは4つの技能を含んでいるという見方に基づいている。外国語授業へのオーディオリンガル・アプローチでは，この4技能を，授業を分類する基準として使った。実際，聞くこと，話すこと，読むこと，書くことの授業が別々に考えられていただけでなく，全てのコースがこうした4技能の分離を基礎にして企画された。一人の学生がそれぞれの技能コースのために違う教科書を使うことは，ごく普通のことだった。このようなカリキュラムでは，聞く技能は，他の言語技能と非常に違っているので，別の「授業内容」と教授法を使う方がよいと考えられていた。

　一方，コミュニカティブな授業では，言語によるコミュニケーションに含まれる4技能を従来のアプローチよりも統合的に見ている。4技能は，常に関連した，しかし異なった方法で組み合わされると考える。この原理の一つの側面については既に第1章で述べた。4技能の関係についてのこのような見方は，外国語学習の授業の性質に甚大な効果をもたらした。こうした効果の一つは全ての授業が聞く，話す，読む，書く技能を統合的に含むようになるということである。こうした技能の統合は**図3.3**のよう

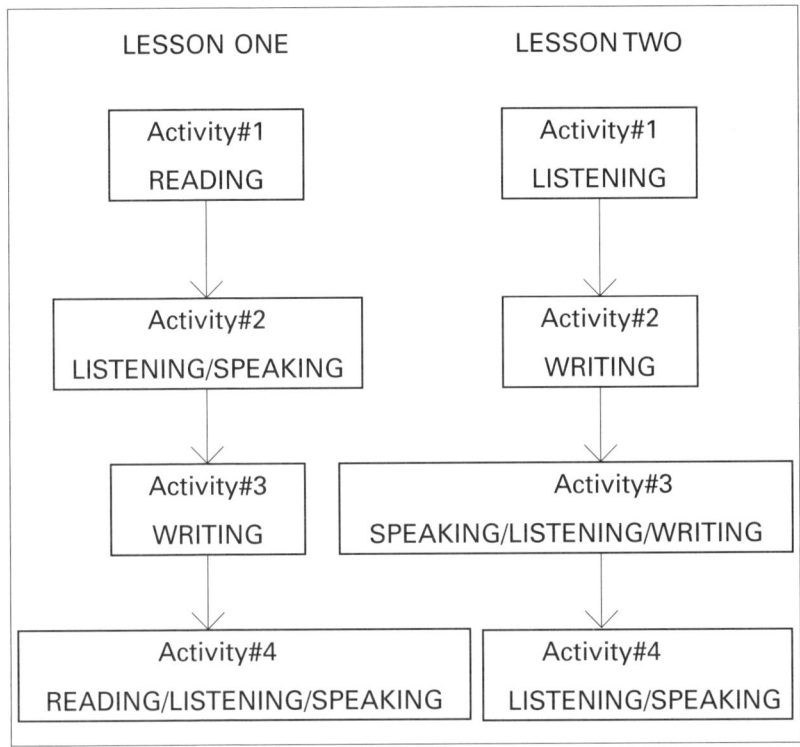

```
          LESSON ONE              LESSON TWO

         ┌──────────────┐         ┌──────────────┐
         │  Activity#1  │         │  Activity#1  │
         │   READING    │         │  LISTENING   │
         └──────┬───────┘         └──────┬───────┘
                ↓                         ↓
         ┌──────────────────┐     ┌──────────────┐
         │   Activity#2     │     │  Activity#2  │
         │ LISTENING/SPEAKING│    │   WRITING    │
         └──────┬───────────┘     └──────┬───────┘
                ↓                         ↓
         ┌──────────────┐         ┌──────────────────────────┐
         │  Activity#3  │         │       Activity#3         │
         │   WRITING    │         │ SPEAKING/LISTENING/WRITING│
         └──────┬───────┘         └──────┬───────────────────┘
                ↓                         ↓
 ┌──────────────────────────────┐ ┌──────────────────────┐
 │        Activity#4            │ │      Activity#4      │
 │ READING/LISTENING/SPEAKING   │ │  LISTENING/SPEAKING  │
 └──────────────────────────────┘ └──────────────────────┘
```

図3.3　統合された4技能のための授業

に図式化できる。

　統合された技能の輪のひとつは次のように描写できよう（LESSON ONE の例）：
　授業の初めに，Activity＃1として学生達は物語を読み，その物語の理解を確認する質問に答える（読む技能）。次に，理解した知識をもとにして，Activity＃2において学生達は小グループでその情報について話し合い，物語を読んで得た情報によって提起された問題について解答をまとめる（聞く技能と話す技能）。そして，話し合いの後で，Activity＃3として，グループ討論について短いレポートを書く（書く技能）。授

業の終わりに，それぞれの小グループが解答を報告し，他の小グループとその解答について話し合う(読む技能，聞く技能および話す技能)。

この原理の別の側面は，聞く，話す，読む，書く技能の定義に関するものであり，またその定義が学習と授業にもたらす意味に関するものである。例として，聞く技能を取り上げてみよう。

外国語の学習と授業のカリキュラムにおける聞く技能は，作業の観点から，次のように定義できよう。

言語の学習と授業において，聞く技能とは語られる情報を聞き，その情報を理解し，解釈して，その解釈に基づいて聞いたことに応答する過程である。

この定義によれば，聞く技能は次の3つの側面を持つと考えられる。

(1) 物理的側面——聞くこと

これは聞く過程の第一段階であり，純粋に技術的あるいは聴覚的な要素である。例えば，タイ語やベトナム語の講義を全く理解できなくても，聞くことはできる。

(2) 認知の側面——理解と解釈

理解と解釈は聞く過程を構成する2つの別々の段階と考えた方が良いかもしれない。なぜなら，聞き手は話し手の言ったことを理解することができても，その理解をより広い文脈の中で(たとえ不正確であっても)解釈する段階，例えば，なぜ話し手がその文脈においてその時点にその聞き手に向かってそう言ったのかを考える段階には進まないことがあるからである。解釈とは理解の推論的側面である。

(3) コミュニケーションの側面——応答

理解したことをもとにして応答することは，言語の本質をコミュニケーションの面から見ようとする見方の最も重要な部分である。応答は，言語学習を情報の交換以上のものにする。なぜなら，応答するには，学生は，自分が聞いて理解した情報をもとに新しい情報を「産み出」さなければならないからである。

聞いたことを理解するための応答は，口頭(oral)でも作文(written)で

も構わない。したがって，コミュニカティブな言語学習の授業で4技能の全てを使うこともできるのである。この授業形式は，聞くことと話すことを「口頭（oral）／聴覚（aural）」技能とし，読むことと書くことを「文字」技能としてグループ分けをして考えてきたオーディオリンガルとはっきり対立している。

今まで，コースと教科書の企画のモデルに関するいくつかの側面を見てきた。そして，このモデルを使って，コミュニカティブな言語学習の授業の性質をいくつか指摘し，これらの性質を授業内容と授業の方法論の観点から述べてきた。これから，企画に関するこれらの原理が，実際の教室での活動の中にどのように組み込まれてきたかを見ることにする。

2　コミュニカティブな教室における活動

本節では，コミュニカティブな教室で使われる教材の例をいくつか考察する。ここでの考察は，包括的なものではなく，また入手可能なさまざまなタイプのコミュニカティブな教材の代表的なものを採りあげるというわけでもない。神田外語学院（KIFL）と神田外語大学という日本の2つの教育機関が，外国語としての英語の教育において，学生の必要性を満たすカリキュラムをどのように開発してきたかを見てゆく。

神田外語学院は，学生の必要性を満たす教材として *Options* を企画し，作り上げた。現在実践されている外国語としての英語のコミュニカティブ・アプローチに基づく教育の中で最良のものとして，まずこの教材を取り上げて考察する（2-1）。

次に取り上げる教材は，コミュニカティブな教室でいかにして他の学生と意思の疎通を図り協力したらよいのかを日本人学生に教えることに成功したと認められてきた，市販されているいくつかの教科書である（2-2）。

最後に，神田外語大学1年生の講読コースのための実験的な教材を，コミュニカティブな言語学習と授業の将来可能な方向，つまり学生が自分の学習

プログラムを計画し監督する授業システムの一例として考察する(2-3)。

2-1　*Options*：日本における現代の EFL 教科書

　Options は，KIFL の学生のために同学院の教師によって書かれた教科書であり，1992年から1995年まで佐野教育基金から補助を受けたカリキュラム刷新プロジェクトの成果である。このプロジェクトは，外部顧問であるクリストファー・カンドリン教授とデビッド・ヌーナン教授の指導の下で行われた。

　このプロジェクトの全体的な目標は，21世紀に向けて，日本人学生のための革新的なコミュニカティブな言語学習と授業を生み出すことであり，KIFL の *English for International Communication*（EIC）と *English for International Business*（EIB）という2つのコースの核となる学習者中心の教材を準備した。

　Options は，その題が示しているように，各単元の中で学生と教師に違った道筋をたどる機会を用意している。コース全体を通しての進み方は，全員足並みを揃えて進むが，図2.6のパターン＃2に見られるように，各単元の中ではクラス毎に違うパターンで授業を行うことができる。

　Options は1コース12冊の本からなっており，各々の本には CD のオーディオ教材がついている。これらの教科書は6冊ずつの並行した2つのセット（Basic（基礎）レベルのセットとそれに並行した Intermediate（中級）レベルのセット）として書かれている。学生達は最初にクラス分けテストを受けて，Basic クラスか Intermediate クラスに分けられるが，コースの途中でのクラス変更も可能である。

　6冊の教科書の各巻は，KIFL の3期制2年間の本科生課程の1学期分の作業を記載している。実際には各巻には1学期でやり終えられる以上の作業が入っており，したがって教師と学生は各単元の中でどの活動を行うかについて選択する機会を与えられる。

　Options が全体としてどのように働くのかを，各巻に載せられている序文で見てみよう。

WELCOME TO OPTIONS, ENGLISH FOR INTERNATIONAL COMMUNICATION

Options will give you the chance to develop your English listening, speaking, reading and writing skills. You will also have many chances to actively use the grammar and vocabulary you have been studying for many years in high school.

When you are learning a language, it's best to have something interesting to learn about. That's why *Options* is topic-based. We asked KIFL students what they were most interested in, and selected the topics for this book from their answers. We hope you will be interested in these topics too.

Each unit includes the following sections:

Think about it: Here you will start to think about the topic, perhaps by asking a partner a question about it.

Understand it: This section is made up of tasks that will help you understand the readings and listenings. It will help you develop the skills you need to unlock the meaning of written and spoken English.

Work with it: Here you will practice new language points from the readings or listenings, moving from controlled to more independent practice.

Put it together: In this section, you will try out your new skills in a more open activity.

Make it happen: Here you will have the chance to do group or independent projects based on the unit topics. You will be able to express your personality and use all your skills in these projects.

At the end of each unit, you will find a review page. The **Look at this** section gives you an explanation of the main language points in each unit in both English and Japanese. In the **What do you know** section, you will look back at what you learned. In the section, **Think about your progress**, you will be able to see where you improved and what you still need to focus on.

Options also has four **Learning how to learn** sections with a variety of study skills and techniques. They will help you to be a better learner of English — and of other subjects too.

Always remember: *Language is communication.* Your ideas and opinions are important, so don't be afraid to share them! Don't worry if your grammar isn't perfect, or if you don't know the exact English word for something. Your teachers and your classmates are there to help you, and you can help your classmates, too. Just open your eyes, open your ears, open your mouth, and concentrate. The world of English is waiting for you.

図 3.4　*Options* の学生用テキストの序文

CONTENTS — Intermediate Book 3

UNIT	1 page 1	2 page 11	3 page 19		4 page 31	5 page 39	6 page 49	
TITLE	Recycling	The Four Seasons	City versus Nature	page 29	Memory	It's All in the Stars	Dreams	page 59
TOPIC	Products and Recycling Rules	Seasons and Scenery	Ainu and Lifestyles		Psychology	Horoscopes	Dream Interpretation	
LANGUAGE — Grammar	imperatives (save the earth)	passive voice	comparatives (more/less crowded) past (used to, once)	A Good Class	infinitive form (remember + v-ing)	will, may, might	past continuous present perfect tense	Remembering New Words
LANGUAGE — Vocabulary	prefix re-	antonyms (dull, brilliant) making sets (season words)			defining antonyms word sets	defining adjectives	defining	
LANGUAGE — Pronunciation	final /k/ /g/ /ing/ (plastic, bag, string) katakana English	British vs. American accents /ɑ/ /ɔɪ/		Learning How to Learn		pronouncing contractions		Learning How to Learn
COMMUNICATION — Speaking	describing objects advising and suggesting circumlocution	describing activities describing places and location	describing past events making comparisons reporting change		describing past events	describing future events	narrating past events	
COMMUNICATION — Listening	radio broadcast (about recycling) gist, detail (names, dates, objects) inferencing	conversation about scenery gist, detail (place description)	conversation about country/ city life gist, detail (comparatives)		conversation about test results gist, detail	astrology show detail	psychologist analyzing dreams detail	
COMMUNICATION — Writing	pre-writing (lists) composing sentences creative writing	pre-writing (brainstorming, bubble notes) describing places writing a haiku	pre-writing (note taking) composing sentences (comparison) guided writing about lifestyles		paragraph about childhood memories notetaking	paragraph about future horoscopes guided writing	dream and stories creative	
COMMUNICATION — Reading	brochure (a shop) main ideas, detail guessing words in context	magazine article and haiku gist, detail (season words)	poem and historical description gist, main ideas, detail (facts) inferencing		environment report	horoscopes gist, detail	dream journal entries gist, detail, grammatical details	

図3.5 *Options* の目次の一部分

第3章　コミュニカティブな言語学習活動の実例 —— 99

　Options の各巻は，12の授業単元からできている。単元の題とトピック（主題）はカリキュラム刷新プロジェクトが最初に行った「必要性の分析」で得られた興味と好みに関する結果に基づいて決定された。図3.5は，EIC の Intermediate Book 3 の目次の一部分である。

　図3.1に掲載したコースと教材の構成のモデルに関連して言えば，この目次では，主題が「題（Title）」と「トピック（Topic）」として与えられており，技能の内容は「コミュニケーション（Communication）」として，また，言語的事項すなわちテクストは「言語（Language）」として与えられている。

　次に示すのは，*Options* に載っている教室での活動である。これらの活動は，EIC の Intermediate Book 3, Unit 2: The Four Seasons から取っている。

1．単元の目標（図3.6）

　各単元は，まずその単元の目標を示すことから始まる。これは，もちろ

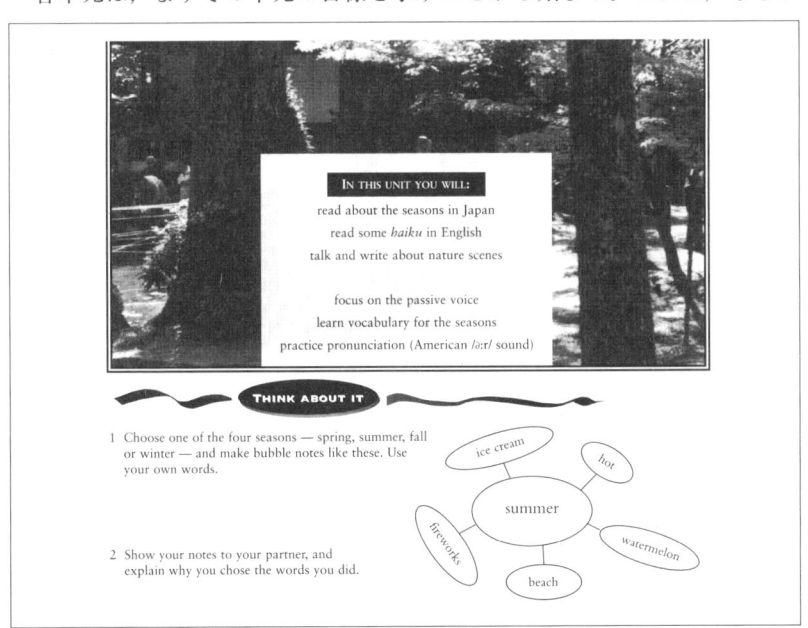

図3.6　単元の目標と THINK ABOUT IT

ん，学生のために書かれており，学生が理解できる言いまわしで書かれている。その目標は，学生にその単元で何を学ぶのかを説明する機会を教師に与えてくれる。学習者中心のコミュニケーション活動では，学生は何をどうして学ぶのかを知ることが必要条件である。

2．THINK ABOUT IT（図3.6）

　THINK ABOUT IT という練習は，非常に単純で素直な導入的活動であるが，現代のコミュニカティブな練習に関する次の2つの基本方針をよく表している。

1) 出力重視

　学生に発言させ，それを観察して，それに基づいて入力を用意せよ。

2) 相互作用重視

　学生達が自分達の選んだことがらについて情報を交換し，新しい情報を産み出せるような練習でなければならない。

3．UNDERSTAND IT（課題1，2）（図3.7）

UNDERSTAND IT

1　Look at **Seasons in Japan**. Write one of the words or phrases below by each paragraph to show the main idea.

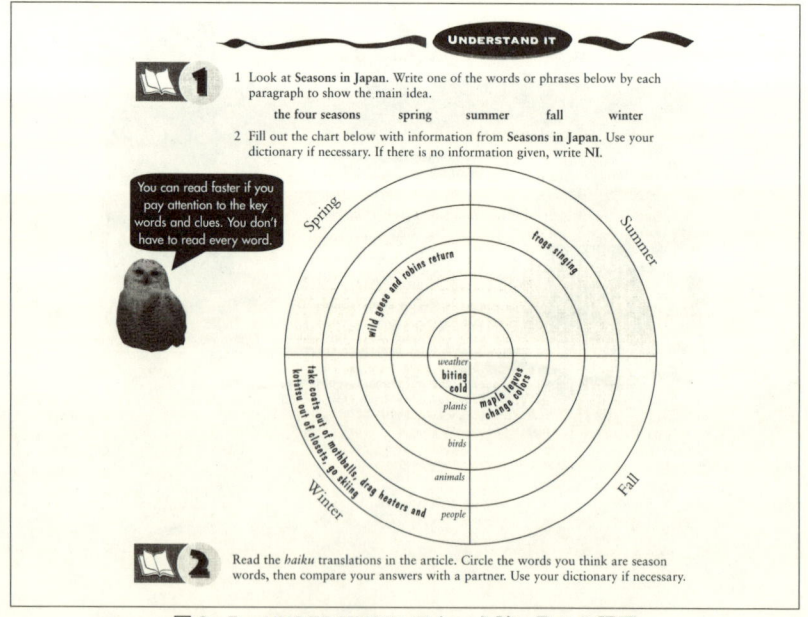

　　　the four seasons　　spring　　summer　　fall　　winter

2　Fill out the chart below with information from **Seasons in Japan**. Use your dictionary if necessary. If there is no information given, write **NI**.

You can read faster if you pay attention to the key words and clues. You don't have to read every word.

Spring: wild geese and robins return
Summer: frogs singing
Fall: maple leaves change colors
Winter: take coats out of mothballs, drag heaters and kotatsu out of closets, go skiing

weather: biting cold
plants
birds
animals
people

Read the *haiku* translations in the article. Circle the words you think are season words, then compare your answers with a partner. Use your dictionary if necessary.

図3.7　UNDERSTAND IT という読み取りの課題

第3章　コミュニカティブな言語学習活動の実例 ── 101

　課題1と2は，"Seasons in Japan"という2ページの物語に基づく，読み取り理解の課題である。[1]本章で既に述べたように，「理解すること」は授業の目的ではない。むしろ，それは，読み取り活動や聞き取り活動で得られた情報をもとにして行われる多くの活動の出発点なのである。課題1と2は学生達が後に他の活動において学習し，あるいは利用する情報の入力でもある。

　図3.7に出てくる「ふくろう」マークは，学生に「学習方法」を思い出させるために時々使われる。

4．WORK WITH IT（課題3，4，5）（図3.8）

　課題3，4，5は，"Seasons in Japan"から読み取った情報を使う教室での活動である。課題3はクラス全体で行う教師指導型の練習，課題4と5は教師の監督なしにペアになっている学生が2人で行う活動である。

5．UNDERSTAND IT と WORK WITH IT（課題6，7，8，9，10）

（図3.9）

　課題6と7は，聞き取りによる入力から得た情報の理解に関するもう一連の課題である。

　課題8，9，10は，テクスト中心の活動で，学生は聞き取った情報について学ぶ。これらの手順は，前の課題3と4と並行している。どの単元においても，教師または学生が，読み取りと聞き取りの入力およびそれに続く活動のどちらか一方だけをやってもよいことに注意しておくべきであろう。このことは，このコースをクラス毎の学生の必要性の違いに対応可能な柔軟性を持ったものにする選択肢のひとつである。

6．PUT IT TOGETHER（課題11，12）と MAKE IT HAPPEN（図3.10）

　これらの課題は，Options の各単元の後半に行うコミュニカティブな活動である。これらはその単元で得た情報や発達させた技能を使ってより自由に作業をする機会を，学生に与える。（例えば，ここでは英語で俳句を作ったり，企画を実行したりする。）

7．まとめ

　What do you KNOW？と Think about your progress（図3.11）とい

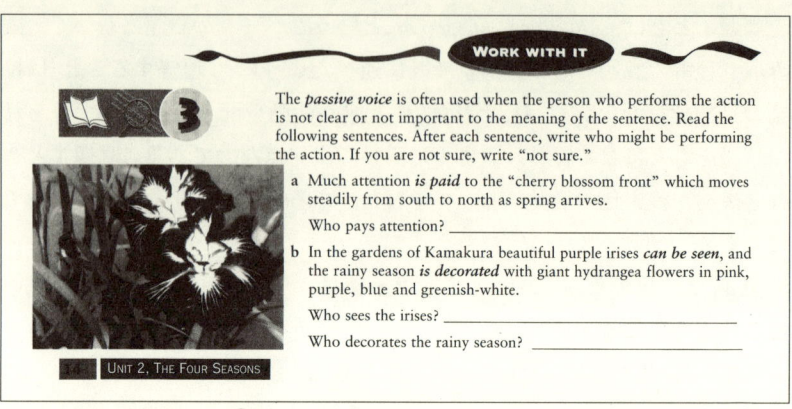

図3.8① WORK WITH IT という読み取りの課題

う課題は，*Options* の各単元の最後の課題で，その単元で何を学び何を達成したかを学生に復習させるためのものである。これは言語学習への学習者中心のコミュニカティブ・アプローチにおいて重要な基本方針である。これらの課題は，その単元の中で完了したいくつかの活動を最初に学んだ学習目標に結びつける働きをする。

　Options は，コミュニカティブな言語学習と授業の理論と実施に関する現在最良と考えられる知識を盛り込んだ教材である。課題中心の教材で，その課題は，学生が必要とするコミュニケーション技能を発達させるように企画されている。それらの課題は，学生が教室で習ったことを教室外の実際の状況に素早く転換して使用できるように，本物の言語資料と状況を使っている。

　Options は，現在の最もすぐれた知識を代表しているだけではない。柔軟性をもった教授法を提供することによって，*Options* はそれが予測しているコミュニカティブな言語学習と授業の意義ある将来の発展の方向，つまり，学習プログラムの企画と監督における学生の自立性の発達に向けた取り組みを示しているのである。

第 3 章　コミュニカティブな言語学習活動の実例　——　103

Work in pairs. Ask each other questions to complete the chart about seasons in Japan. Student A, look at the chart below. Student B turn to page 123.

STUDENT A

SPRING	SUMMER
photos of cherry blossoms/ taken folk songs (minyo)/ sung seeds/ planted	air conditioners/ turned on mosquitoes/ killed noodles/ slurped

FALL	WINTER

Find the words from **Seasons in Japan** hidden in the puzzle below.
The following clues may help you.

A word that means:
1. too many to count
2. humid
3. the opposite of "pleasant"
4. the opposite of "to move away from"
5. a small, annoying insect
6. a short poem about nature
7. high-pitched (sound)
8. a flower found in Kamakura in summer
9. an orange autumn fruit
10. opposite of "dull"
11. something you put in your closet to protect your clothes
12. a water bird with a long pointed beak
13. a bird associated with summer
14. a baby frog

a	c	o	u	n	t	l	e	s	s	g	b
n	p	y	m	o	s	q	u	i	t	o	a
n	e	p	b	c	r	t	d	i	r	i	s
o	r	u	r	m	u	g	g	y	o	w	n
y	s	t	i	o	e	f	f	u	l	o	v
i	i	a	l	t	a	b	i	y	r	m	q
n	m	d	l	h	o	c	k	e	k	f	c
g	m	p	i	b	e	s	h	a	i	k	u
r	o	o	a	a	z	c	e	n	j	y	c
t	n	l	n	l	c	i	c	a	d	a	k
e	l	e	t	l	g	x	d	m	e	t	o
a	s	i	d	s	h	r	i	l	l	r	o

STUDENT A

UNIT 2, THE FOUR SEASONS

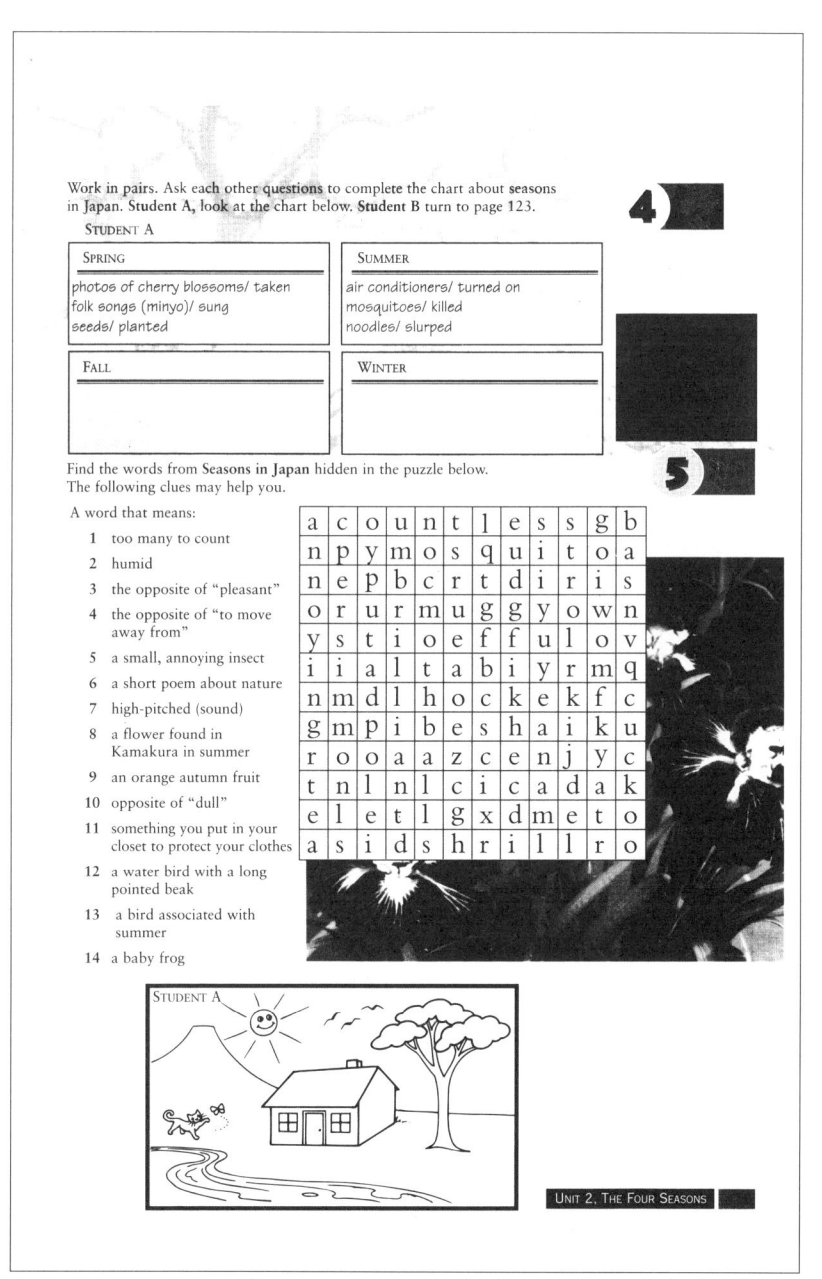

図 3.8 ②　WORK WITH IT という読み取りの課題

UNDERSTAND IT

6 1 Describe the pictures below with your partner. You can ask your teacher if there is something you do not know how to say.

2 Listen to **The Great Outdoors** and number the pictures in the order you hear them being talked about.

7 Listen to the conversations again. In each conversation, the speakers talk about things that *are not* in the picture. Write those things below.

1 sail boats
2 _____
3 _____
4 _____
5 _____

WORK WITH IT

8 1 Listen to **The Great Outdoors** again. Are the speakers British or American? Write **B** for British and **A** for American by the conversation number.
1___ 2___ 3___ 4___ 5___

UNIT 2, THE FOUR SEASONS

図3.9 UNDERSTAND IT(聞き取り)と WORK WITH IT という課題

第 3 章　コミュニカティブな言語学習活動の実例 —— 105

2　One of the differences between American and British pronunciation is the /r/ sound in some words. Listen to the American pronunciation and practice with your teacher.

/əːr/ /ɑr/ | | /aur/ /eər/ |
---|---|---|---
Switzerland | person | hour | air
were | river | flower | there
deserts | covered | where |
ferns | | |

Improve your pronunciation by listening to your CD and repeating what you hear.

3　Now practice this tongue-twister using American pronunciation.

Betty Botter bought some butter. "But," she said, "this butter's bitter! If I put it in my batter, it'll make my batter bitter. But, a bit of better butter will make my batter better!"

1　You and your partner have different pictures. **Student A**, look at the picture on page 15. **Student B**, look at the picture on page 124. Describe your pictures to each other and draw them on a piece of paper.

2　With your partner, compare the two original pictures. In your notebook, write down five differences you find.

In groups, tell each other about a beautiful natural spot you know. Then report to the class.

PUT IT TOGETHER

1　Work in groups of four. Your teacher will give you a list of season words. Without saying the word, describe it for your group until they guess. When you guess a word, write it under the correct season.

2　Add as many words as you can to your season word lists. You can use your dictionary.

3　Use your season word lists and the bubble notes you made in **Think About It** to help you write a *haiku* in English.

Find a picture in a magazine of a nature scene you really like. It can be a picture of the beach, the mountains, the desert or any place you think you would like to go to. Practice describing it to a partner first, then write your description in your notebook.

MAKE it Happen

CHOOSE ONE OF THE PROJECTS BELOW AND MAKE IT HAPPEN.

Hiking Report
Where do you like to go hiking? Draw a map and write information about the place. How do you get there? What kinds of plants and animals can you see there? Describe the kinds of things you see on this hike.

OR

The Best or Worst Season
Choose which season you think is the best or worst and write about it. Give detailed reasons for your opinion. If another student chooses a different season you can have a debate in class.

UNIT 2, THE FOUR SEASONS

図 3.10　PUT IT TOGETHER と MAKE it Happen という課題

What do you KNOW?

Check the words you know.

- ☐ breeze
- ☐ celebration
- ☐ festivity
- ☐ incense
- ☐ loneliness
- ☐ mosquito
- ☐ scent
- ☐ to annoy
- ☐ to approach
- ☐ to bloom
- ☐ to decorate
- ☐ to drag
- ☐ to load down
- ☐ to set in
- ☐ to view
- ☐ to wear off
- ☐ air-conditioned
- ☐ brilliant
- ☐ countless
- ☐ fresh
- ☐ humid
- ☐ mild
- ☐ muggy
- ☐ numerous
- ☐ seasonal
- ☐ short-lived

Think about your progress

Choose a season. Write the season and season words in the bubbles. Tell a partner about the season.

weather   feeling
clothes   flower
activity   food

- write a haiku?   ☐ YES ☐ NO
- describe a nature scene?   ☐ YES ☐ NO
- use the passive voice?   ☐ YES ☐ NO
- the difference between ... American pronunciation? ☐ YES ☐ NO

I THOUGHT THIS UNIT WAS ...
☐ EASY   ☐ JUST RIGHT   ☐ DIFFICULT

UNIT 2, THE FOUR SEASONS

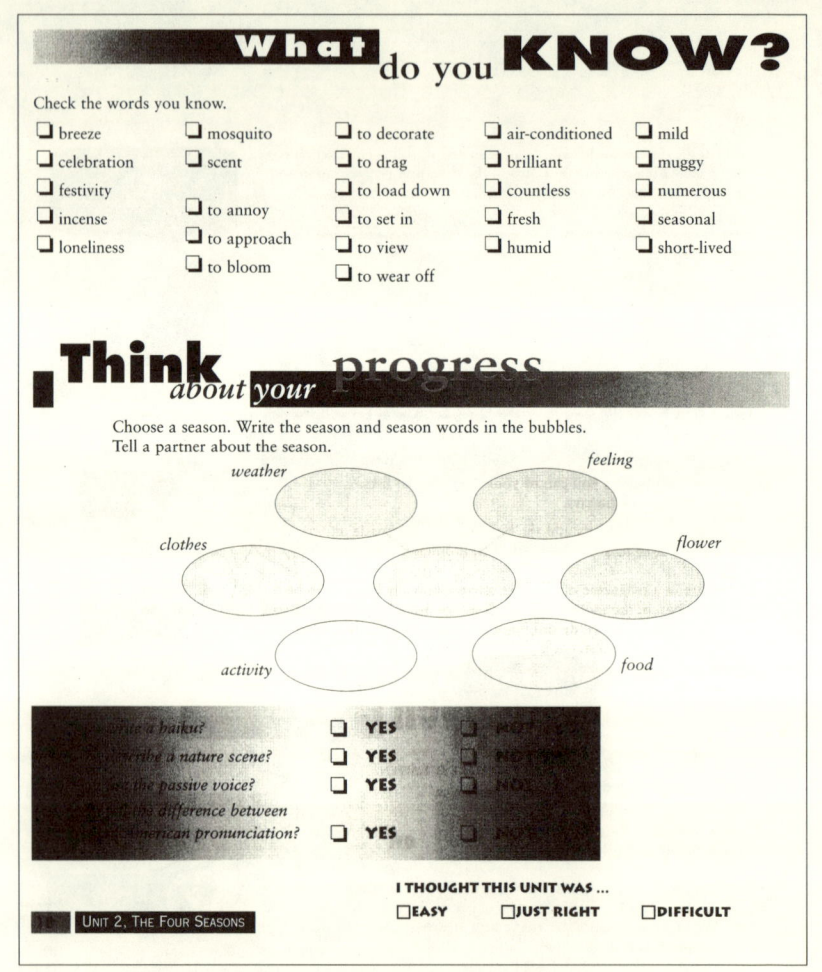

図3.11 What do you KNOW? と Think about your progress

2-2 学生達に対する意思疎通の仕方と協力の訓練

　外国語の学習と授業でコミュニカティブ・アプローチを採用することに対して教師が最も多く口にする心配のひとつは、学生達に互いに外国語で話をさせること、すなわち目的を持って言語を「使用する」ことを学ばせるために課題を行わせる時に互いにその言語で話をさせることの難しさで

ある。この困難さは，学生達が教室で協力し意思を疎通できるようになるのを妨げる，次のような要因から生じると考えられる。

a) 文化的違い

口頭による対人コミュニケーション技能を高く評価しない文化もある。そこでは，話すという技能は，口数が多いあるいはおしゃべりだと見なされる傾向がある。このような文化では，多くの場合，言わずにおかれていることがらが，言われていることがらと同じくらい重要であると考えられる。英語を外国語として学ぶ学生達は，話すこと，質問すること，答えることを英語の対人コミュニケーション技能の重要な側面として高く評価するように訓練されなければならない。こうしたことを高く評価することは，ある文化圏の学生達には自然に，あるいは容易に身につくものではない。

b) 背景となる学習と授業のスタイル

いくつかの教育システムにおける学生の学習過程の見方は，コミュニカティブな学習の見方と相容れない。こうした違いは，学生と教師の役割と，学習目標が正確さか淀みなさかという2つの側面で見ることができる。

①授業システムにおける学生と教師の役割

学習過程における新情報の入力を強調するシステムがある。このようなシステムでは，教師は入力をコントロールする人，あるいは入力のモデルとして，学生達が提示されたモデルを模倣することができるようにする責任を持つ。また，学生の役割は，教師から与えられたモデルに従う，あるいは真似をすることである。このようなシステムは，コミュニカティブな言語学習システムと対照的な立場に立つものである。コミュニカティブな言語学習システムでは学習過程において入力よりも相互作用を強調し，最終的には，学生達に課題中心の活動を完了するために言語を「産み出す」ことを要求する。

学生達が前者のタイプの学習システムから後者のタイプの学習システムに移ったときには，訓練が必要になる。その訓練とは，学生達が新しい役割を徐々に受け入れるようにするために適切な教材を与えることである。

②正確さという目標と淀みなさという目標

　前述の学生の役割と教師の役割に関する見方の相違の当然の帰結は，言語使用において正確さを重視するか淀みなさを重視するかという相違である。言語入力の重要性を強調する授業システムは，学生がその入力を模倣する時の正確さを強調しがちである。一方，学習の重要な要因として相互作用を強調する授業システムは，淀みなさを強調する。

　学生をひとつの授業システムから他のシステムに移行させるときには，訓練が必要であることをもう一度強調しておかねばならない。学生達は，正確な文を産み出す能力に自信がないからとか，仲間の前で間違いを訂正されることが嫌だというような理由で，お互いに交流することを嫌がることもあろう。（次ページのd)母語の使用，を参照。）

c) グループ力学における個人的要因

　コミュニカティブな言語学習は，外向的な性格をもった学生に向いている。この授業システムを成功させるには外向的で協力的な個性を持つ学生を育てることが必要であるという人もいる。問題解決に貢献するためにグループ内の他の学生と協力し合うことが学習の成否の鍵を握っているとき，グループの力学が重要な要因となる。グループ内の個々人の個性が評価される必要があり，学生達が一緒に作業するように訓練される必要がある。

　本節では，小グループの学習課題において話し合い，協力し合うように学生達を訓練することについて考察している。この訓練には2つの側面がある。それは，学生のグループ分けと組み合わせ，および，グループ活動の選択と順序付けである。

　コミュニカティブな言語学習教室における学生のグループ分けの仕方と組み合わせ方については第2章で論じた。そこでは，固定したグループとその都度変わるグループの利点について論じた。多くの教師は，一緒に作業したいと考えている折り合いのよい学生達に共同作業をさせることが出来るので，その都度変わるグループの方を好む。しかし，新しい課題毎に新しいグループを作るやり方は，時間が無駄なだけでなく，グループ作業に参加することに気乗り薄な学生達を外向的な学生達に助けさせることが

できないなど，いくつかの不利な点がある。

「固定した」2組のペアからなる小グループは，教室におけるグループ力学を発達させるための訓練基盤として優れている。1人が他の1人よりも学習している言語によりよく習熟しているペアを作ることは，習熟度の低い方のメンバーに自信をつけさせる助けになり，仲間に対する個人教授の基盤を作る。また，固定したペアは，常に同じパートナーと接するので，内気な学生も自信を持つことができる。

d) 母語の使用

コミュニカティブな教室で教師が常に持っている不満は，練習に際して学生達にいつも学んでいる外国語を使わせ，習った新しいことばを話すようにさせることの難しさである。この問題が生じるのは，コミュニカティブな言語学習と授業においては，教師が学生の全ての練習と言語使用を監督するわけではないからである。

外国語の習得過程は，「再構成」の過程ではなく，むしろ「再生成」の過程であるというのが，コミュニカティブな言語学習の基本方針である。すなわち，外国語は，学生がコミュニカティブな状況において使用することにより，言語要素間の関係の体系として理解されていくのである。学生が言語要素を使用し続けなければ，その体系はなかなか形にならない。教室での母語の使用は，外国語の体系の形成過程を遅らせることになる。

ペアや小グループが教師の監督なしに課題完成の作業をしているとき，彼等が「自然な」コミュニケーションをしようとする――つまり母語を使用する――傾向は避けがたい。このような状況では，学生達は英語を使うことよりも課題を完成することのほうをより重要と考える。母語による課題完成についてはその場で現実の結果が得られるが，外国語使用の結果は先にならないと分からず，しかも成果が上がるかどうか確かではない。

学生達は，コミュニカティブな教室で学習する際，「規則を守ってゲームをする」ように訓練される必要がある。そして，学生達がEFL教室で英語だけを使うようにさせるのに役立つ絶対確実な規則というものはないが，次に述べることは，規則を理解し受け入れるように学生を「訓練する」

ときの教師への指針になろう。これらは，全てのクラスに通用しはしないかもしれないが，著者の担当している日本人大学生のクラスでは有効であった。

① 「英語だけ（English only）」という方針を説明する。

　なぜ教室では英語だけを使うべきなのかという理由を学生達と話し合う。これを年度初めに，個人間のコミュニケーションのパターンができ上がってしまう前に行う。クラスにいるときは英語だけで考え，英語だけを使うように自ら努めれば，より速くよりよく英語を学ぶことができると学生に説明する。また，外国語を学ぶには，翻訳するよりも，その言語の要素そのものをつなぎ合わせるほうが上達が速いことを説明する。これらの説明は，特に初心者には，学生の母語で行ってもよいであろう。1 語文や 2 語文は，英語を使用する時に積み重ねるための自信のブロックのようなものとして価値があることを説明する。

② 自信をつけさせる。

　与えられた課題を英語を使って完成することができるのだと，学生達に信じさせる。「英語だけ」というシステムの中で彼等に自信をつけさせる。最初は，学生達が活動を実行するのに必要となる表現を全部練習させてから，ペアや小グループで活動させる。簡単な活動の例を後で提示する。特に手助けの必要なペアや小グループを確認し，教師がそういうグループと一緒に作業して，学生等に「英語だけ」しか使わないということができるという自信をつけさせるようにする。著者の経験では，成功の鍵は学生の自信である。次の③以下の要因は，学生に自信をつけさせるのに役立つと思われる。

③ 注意深くグループ分けする。

　ペアや小グループで「誰が誰と一緒に作業するか」を注意深く決定することが非常に重要である。場当り的なグループ分けに頼ってはならない。なぜなら，これはあまりに影響の大きい問題なので，その結果を偶然に任せておくわけにはいかないのである。学生達が自信をつけ，互いに支え合えるペアや小グループの作り方については既に第 2 章で説明した。

④訂正しない。

　教師による訂正は，教師の指示によって新しい表現を練習しているときだけに行う。授業や活動の一部として言語を使用しているときには，意識的な訂正，すなわち間違いに注意を向けさせることはすべきではない。教師が学生のグループと一緒に作業していて，活動の完行を妨げそうな誤りを見つけたときには，その間違いに注意を向けさせずに，その発言を正しい形で言い直すだけにする。

⑤頻繁に誉める。

　学生達を励まし，成功例を提示する。うまく作業できたペアや小グループがあったら，彼等を実証例として使う。「英語だけ」という方針がうまく機能することを思い出させてくれる仲間がいつもいることが重要である。良い学生を誉めることによって，他の学生達にすぐれた学習者がいかに活動するかということを意識させる（気付かせる）ことができる。

⑥発表を奨励する。

　学習方法を学習することは，今や外国語教育の学習課程の中で特に重要な部分であると考えられている。例を後で挙げるが，学習方法について学ぶという論点についての学生達の発表の中で，彼等が英語を使って学習方法を学習していることも報告の中に加えるようにさせる。

　学生達が最初から効果的に，そして自発的に言葉を交わすことを期待してはいけない。彼等を注意深く訓練する必要があり，途中には失敗はつきものである。

　以下に提示するのは，神田外語大学の1年生にペアあるいは小グループでの作業の仕方を学ばせたときに使ったコミュニカティブな活動の実例である。同様の活動が掲載されている教材も参考として紹介する。

初級の練習用活動の実例

　学生のペア活動は，簡単な情報の穴埋め活動から始めるのが適当であろう。以下の活動では，課題完成に必要な情報が全部与えられているので，

学生は協力と意思伝達の手順を学ぶことに注意を集中できる。これらの活動は，*Vocabulary Games and Activities for Teachers*（Watcyn-Jones（1993））および *Pair Work One*（Watcyn-Jones（1984））からの引用である。

活動①　Battleships（図3.12①②）

　この活動は，ペア作業による「情報の穴埋め」という概念を学生に紹介する。この課題は，学生1人1人が，予測力と単語の知識に基づいて，隠された単語を見つけ出すものである。その語彙が現在学習していることに含まれているもの，あるいは学習している話題または題材と関連のあるものになっていれば，課題をより易しくし，また学習とより密接に関連したものとすることができる。例えば，活動が気候に関する一節を読む学習に続くものなら，気候に関連した単語が役に立つであろう。辞書は，使われる語彙によって，使用する場合もしない場合もあってよいだろう。

　この活動は，情報の穴埋め活動に関する不文律を全て含んでいるが，言語の創造的使用をほとんど必要としない。しかし練習用の問題として価値が高い。この課題は活動の目的と規則が明らかであり（したがって，母語での話し合いを必要としないので），課題を完成するのに使わなければならない英語をたやすく教えることができる。

　このタイプの活動を「練習用」として利用する場合は，学生を観察して自信のなさそうな者をチェックし，他の学生をより自由な活動に進ませておいて，彼等には類似した活動をする時間を与えるようにする。学生をあまり速く進ませないように気をつけなければならない。訓練の初期段階で忍耐強くすることが，学生に自信をつけさせるという点で成果が出る。

活動②　Who's who?（図3.13①②）

　この活動では，学生が発話しなければならない文はほとんど全部印刷されており，学生はほとんど英文を作り出す必要がない。この活動は活動①よりほんの少し前進したものである。

　この活動の重要な特徴は，活動の最後に，コミュニケーションの結果を，ことばを使わずに目で見て自動的にチェックできることである。チェックするときに教師がついている必要はない。

学生を活動③に含まれるコミュニカティブな相互作用に進ませる前に，学生達が「英語だけ」ということを自信を持って実行できるかどうか確認する必要がある。

活動③　The Life of Elvis Presley（図3.14①②）

この活動では，活動②と同様に，各々の学生が異なったしかし相補的な情報を持っていて，欠落しているところを埋めるにはそれらの情報を共有しなくてはならない。ただし，活動③ではより複雑な文を使わなくてはならず，言語の創造的使用の機会も多い。

課題の完成に必要な手順は，活動②の場合と同じである。

中級の練習用活動の実例

これから述べる活動は，Watayn-Jones（1993）からの引用で，学生に要求される英語の創造的使用の量が多いため，「中級」という名が付けられている。「初級」レベルでは，課題の完成に必要な言語表現は実質的に全て与えられているが，中級レベルでは，学生はパートナーの学生や小グループの中で一緒に作業している学生達の手助けをするために文を自分で作り出さなければならない。もちろんその言語表現は，教師にチェックしてもらう必要はないし，文法的に正確でなくてもよいが，意味，すなわち伝える情報は正確に伝達できなければならない。

活動①　Half a Crossword : Sports, Hobbies and Pastimes（図3.15①②）

これは小グループ活動で，グループのメンバーが協力して活動することを学ぶことができる。学生達は一緒に作業して，単語の定義を決定し，他のグループの学生達にそれを説明しなければならない。これらの定義が，他のグループの学生がクロスワードの隠された単語を見つるときの「手がかり」となる。

単語の難しさや学生がその単語を知っているかどうかによって，辞書が必要となる場合もある。著者がこの練習を実施したときには，学生達に英和辞書，和英辞書は許可せず，英英辞書の使用だけを許した。さらに，単語の定義を与えられた学生達に，与えられた定義の内容を明確にするため

39 WORD BATTLESHIPS 1

GROUP A

Take it in turns to ask for a letter, e.g. "Is there a letter in 1C?"
If you think you know what the word is you can say: "We think the word from 1A to 1D is _____."
The first group to find all the words wins.

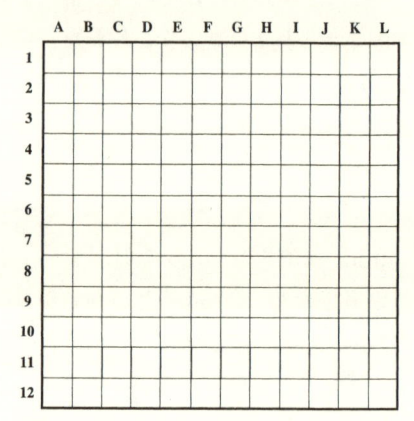

	A	B	C	D	E	F	G	H	I	J	K	L
1												
2												
3												
4												
5												
6												
7												
8												
9												
10												
11												
12												

You have to find the following:

two vegetables
two things in the bathroom
two items of clothing
two jobs
two colours

There are:
four words vertically
four words horizontally
two words diagonally

	A	B	C	D	E	F	G	H	I	J	K	L
1	B										C	
2	U	P	E	A	R						O	
3	T										W	
4	C			F	L	O	R	I	S	T		T
5	H		C									W
6	E		E		O		P	L	A	T	E	E
7	R	B		I		O						N
8		A			G		K					T
9		N				H		E				Y
10		A					T		R			
11		N										
12		A		H	O	R	S	E				

These are the words Group B have to find:

two fruits
pear (2B–2E)
banana (7B–11B)

two things in the kitchen
cooker (5D–10I)
plate (6G–6K)

two animals
cow (1K–3K)
horse (12D–12H)

two numbers
twenty (4L–9L)
eight (6C–10G)

two shops
florist (4E–4K)
butcher (1A–7A)

© Penguin Books Ltd 1993

図 3.12① BATTLESHIPS (*Vocabulary Games and Activities for Teachers* より)

第 3 章 コミュニカティブな言語学習活動の実例 —— 115

39 WORD BATTLESHIPS 1　　　GROUP B

Take it in turns to ask for a letter, e.g. "Is there a letter in 1C?"
If you think you know what the word is you can say: "We think the word from 1A to 1D is ＿＿＿."
The first group to find all the words wins.

```
    A B C D E F G H I J K L
 1
 2
 3
 4
 5
 6
 7
 8
 9
10
11
12
```

You have to find the following:

two fruits
two things in the kitchen
two animals
two numbers
two shops

There are:
four words vertically
four words horizontally
two words diagonally

	A	B	C	D	E	F	G	H	I	J	K	L
1						P	O	T	A	T	O	
2		C		J	U	M	P	E	R			
3			A						T			
4				R			W		O			Y
5					R		A		O			E
6	S	K	I	R	T	O		I			T	L
7	P	U	R	P	L	E	T	T			H	L
8	S						R	B				O
9		O					E	R				W
10		A					S	U				
11			P				S	S				
12	P	O	L	I	C	E	M	A	N		H	

These are the words Group A have to find:

two vegetables
carrot (2B–7G)
potato (1G–1L)
two things in the bathroom
toothbrush (3J–12J)
soap (8A–11D)
two items of clothing
skirt (6A–6E)
jumper (2D–2I)
two jobs
waitress (4H–11H)
policeman (12A–12I)
two colours
yellow (4L–9L)
purple (7A–7F)

© Penguin Books Ltd 1993

図 3.12② BATTLESHIPS（*Vocabulary Games and Activities for Teachers* より）

5 Who's who?

Here are six people plus some information about them:

| | | Peter | | | |

Peter is a year older than Sally.
Mary is fatter than both Julie and Sally.
John is twenty-one next birthday.
The tallest person is a year younger than John.
Julie is the oldest – she is three years older than Mary.

Student B also has information about the six people. Work together to see if you can work out their names and their ages. (Write them in the boxes.)
You are allowed to read out the information you have about the six people *but you must not let Student B see your book.*

図 3.13① Who's who? (*Pair Work One* より)

5　Who's who?

Here are six people plus some information about them:

[18   ]

Sally is the youngest.
Peter is taller than Mary but shorter than Mike.
Mary is fatter than both Sally and Julie.
Julie's hair is longer than Sally's.
The thinnest person is only 16.

　　Student A also has information about the six people. Work together to see if you can work out their names and their ages. (Write them in the boxes.)
　　You are allowed to read out the information you have about the six people *but you must not let Student A see your book.*

図3.13②　Who's who?（*Pair Work One* より）

22 Missing information: the life of Elvis Presley

A pop magazine has just started a new series called 'The History of Rock 'n' Roll'. Each week it presents a short life-history of a famous rock 'n' roll singer. On the opposite page is the life-history of this week's star – Elvis Presley. Unfortunately, some of the information about him is missing. By asking Student B questions, fill in the missing information. (Student B also has missing information and will ask you questions.)

Before you start, read through the life of Elvis on the opposite page and work out which questions to ask. For example:

> What was his father's name?
> What happened in 1942?
> What sort of job did he get when he left school?
> What was the name of the song he recorded in 1954?
> When did his mother die?

When you are both ready, you can begin. Take it in turns to ask and answer questions. *But you must not let Student B see your book.*

When you have finished, check to see if you have filled in everything correctly.

図 3.14① (*Pair Work One* より)

Full name: Elvis Aaron Presley
Parents: .... and Gladys Presley
Brothers/sisters: Jesse Garon (twin brother)
　　　　　　　　Died at birth

Year　Main event(s)
1935　Born in ...., Mississippi, on January 8th.
1942　..
1948　Moved to Memphis, Tennessee. Started at a new school. His father bought him ....
1953　Left school and got a job as .... with the Crown Electrical Company. That summer, he went along to Sun Records in Memphis and paid $4 to record two songs for ....
1954　Sam Phillips, the owner of Sun Records, asked Elvis to record a song called
　　　'..,'.
　　　20,000 people bought the record.
1955　Met Colonel Tom Parker. He became Elvis's manager.
...　　Recorded a song called 'Heartbreak Hotel'. It sold over a million copies.
1957　Made more records – all of them were big hits. Became known as the 'King of Rock 'n' Roll'. He bought .... in Memphis which he called Graceland. Also went to Hollywood to make his first film – *Love Me Tender*.
1958　Went into the army and became a soldier in West Germany. On ...., his mother died.
1960　Left the army and went back to Hollywood to make more films.
1967　Got married to Priscilla Beaumont – a girl he had first met when ....
...　　Appeared on a special television show. His daughter, Lisa Marie, was born.
1972　His wife, Priscilla, left him.
...　　Elvis and Priscilla got divorced.
1977　Died of a heart attack at the age of .... on August 16th.
　　　He left all his money to .... 80,000 people turned up for his funeral and his records were played on the radio all day.
1978　100 million Elvis LPs were sold. The 'King of Rock 'n' Roll' was dead but certainly not forgotten.

The life of Elvis Presley

22 Missing information: the life of Elvis Presley

A pop magazine has just started a new series called 'The History of Rock 'n' Roll'. Each week it presents a short life-history of a famous rock 'n' roll singer. On the opposite page is the life-history of this week's star – Elvis Presley. Unfortunately, some of the information about him is missing. By asking Student A questions, fill in the missing information. (Student A also has missing information and will ask you questions.)

Before you start, read through the life of Elvis on the opposite page and work out which questions to ask. For example:

> When was he born?
> Where did he move to in 1948?
> When did he leave school?
> Who did he meet in 1955?
> What happened in 1972?

When you are both ready you can begin. Take it in turns to ask and answer questions. *But you must not let Student A see your book.*

When you have finished, check to see if you have filled in everything correctly.

38

図 3.14② (*Pair Work One* より)

Full name: Elvis Aaron Presley
Parents: Vernon and Gladys Presley
Brothers/sisters: Jesse Garon (twin brother) Died ....

Year   Main event(s)
1935   Born in Tupelo, Mississipi, on ....
1942   Got a guitar from his father for his birthday.
1948   Moved to ...., Tennessee. Started at a new school.
       His father bought him a new guitar.
...   Left school and got a job as a driver with the Crown Electrical Company. That summer, he went along to Sun Records in

       Memphis and paid $......... to record two songs for his mother's birthday.
1954   Sam Phillips, the owner of Sun Records, asked Elvis to record a

       song called 'That's All Right'. .... people bought the record.
1955   Met Colonel .... He became Elvis's manager.
1956   Recorded a song called 'Heartbreak Hotel'. It sold over a million copies.
1957   Made more records – all of them were big hits. Became known as the 'King of Rock 'n' Roll'. He bought a big house in Memphis

       which he called Graceland. Also went to ....
       to make his first film – *Love Me Tender*.
1958   Went into the army and became a soldier in West Germany. On August 18th, his mother died.
...   Left the army and went back to Hollywood to make more films.
1967   Got married to Priscilla Beaumont – a girl he had first met when he was a soldier in Germany.
1968   Appeared on a special television show. His daughter,

       ...., was born.
1972   ....
1973   Elvis and Priscilla got divorced.
...   Died of a heart attack at the age of 42 on August 16th. He left all

       his money to his daughter. .... people turned up for his funeral and his records were played on the radio all day.
1978   100 million Elvis LPs were sold. The 'King of Rock 'n' Roll' was dead but certainly not forgotten.

The life of Elvis Presley

32 HALF A CROSSWORD: SPORTS, HOBBIES AND PASTIMES

GROUP A

Work in Groups A and B. You are A.

The crossword below is only half filled in. Group B also have a crossword that is only half filled in. Take it in turns to ask what the missing words are (e.g. "What's 3 across?") and answer by trying to explain each word.

```
             P              D
          3  O      A       A
             T      T       N
             T   C  H   J U D O   9          I
             E   H  L             N
             R   E  E                   G
             Y   S  T
                 S  I
                    C       D A R T S
                 S N O O K E R       K
             14                      N
             G Y M N A S T I C S     I
                                     T
                    R       17       T   18
                    U                I
                    G                N
                 19 B                G
                    Y
```

Here are the words you will have to explain to Group B:

| athletics | dancing | gymnastics | knitting | rugby |
| chess | darts | judo | pottery | snooker |

© Penguin Books Ltd 1993   65

図3.15① HALF A CROSSWORD : Sports, Hobbies and Pastimes
(*Vocabulary Games and Activities for Teachers* より)

第3章 コミュニカティブな言語学習活動の実例 —— 123

32 HALF A CROSSWORD: SPORTS, HOBBIES AND PASTIMES

GROUP B

Work in Groups A and B. You are B.
The crossword below is only half filled in. Group A also have a crossword that is only half filled in. Take it in turns to ask what the missing words are (e.g. "What's 2 down?") and answer by trying to explain each word.

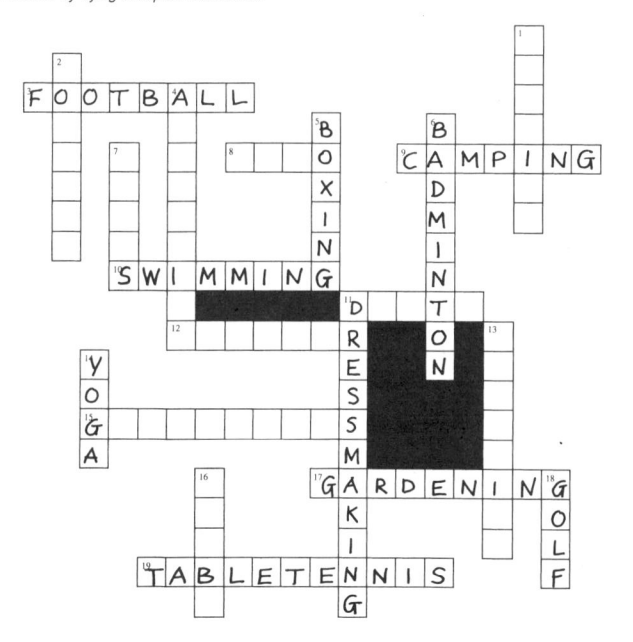

[Crossword grid with following filled entries:
FOOTBALL, BOXING, CAMPING, SWIMMING, DRESSMAKING, YOGA, GARDENING, GOLF, TABLE TENNIS]

Here are the words you will have to explain to Group A:

badminton	camping	football	golf	table tennis
boxing	dressmaking	gardening	swimming	yoga

66　© Penguin Books Ltd 1993

図 3.15② HALF A CROSSWORD : Sports, Hobbies and Pastimes
（*Vocabulary Games and Activities for Teachers* より）

78 PUZZLE IT OUT

There are five people staying at a hotel: Mr Petty, Mr Grove, Mrs Williams, Ms Stevens and Mr Harvey. Use the clues to complete the chart with the information below.

Room number	101	102	103	104	105
Name					
Job					
Character					
Interest / hobby					
Other information					

Job
solicitor
estate agent
surgeon
traffic warden
plumber

Character
sociable
conceited
bossy
mean
optimistic

Interest/hobby
painting
bird-watching
amateur dramatics
tennis
gardening

Other information
is a widower
is Australian
is a twin
is bald
is bilingual

図3.16① PUZZLE IT OUT
(*Vocabulary Games and Activities for Teachers* より)

78 PUZZLE IT OUT (Clues)

Ms Stevens usually looks on the bright side of life.
The man in room 101 loves going to parties and meeting people.
The person who works at a hospital is from down-under.
Mr Grove doesn't like telling strangers what his job is – especially not motorists.
Mr Harvey sold two houses last week. The person in the room next to him often deals with divorces and wills.
The person who wears a uniform to work has green fingers.
The woman who speaks German as well as she speaks English hates spending money.
The tradesman has a dress rehearsal tonight.
The person who loves ordering people about has an end room.
Mr Harvey has been an ornithologist for nearly twenty years.
The estate agent's wife passed away last year.
Mrs Williams has an excellent serve.
The person with a tanned scalp has a very high opinion of himself.
The person in the room next to the plumber often visits Art galleries.
Mr Petty is in the room between Ms Stevens and Mrs Williams.
The traffic warden's brother was born half an hour before him.
The optimist is staying in room 102.
The solicitor hopes to play at Wimbledon one day.
The person in room 104 never tips.
Mr Harvey is in room 105.

図3.16② PUZZLE IT OUT
(*Vocabulary Games and Activities for Teachers* より)

の質問，例えば "Is the game played on a table?"（そのゲームはテーブルの上で行われるのか？）などの質問をすることを許した。

また時間制限を設ける方がよい。制限時間の終わりに，クラス内のグループ同士で結果を比較することもできる。ただし，活動②の終わりにある時間制限に関する問題点に注意すべきである。

活動②　Puzzle It Out（図3.16①②）

これは小グループ活動であり，グループのメンバーは問題を解いて，ホテルの滞在客に関する細かい情報について表を埋めなければならない。この活動はESL用の活動で，英国に住み英国の文化を経験している学生を対象としているものであるが，EFLの条件に合うようにたやすく手直しできる例としてここに提示した。

学生に注意深く丁寧に課題を説明し，グループが自立して作業を始めるときには課題を完成させる方法をしっかり理解していることを確認することが，教師にとって大切である。この活動を引用した本では，この活動に時間制限を設けて，制限時間になったら各グループの結果を比較することを勧めているが，この場合次の点に注意しなければならない。グループ間で競争させると，他のグループより先に「課題を完成すること」に関心が向き，その結果として，しばしば母語を使用する方向に向かうことになる。それでは，もちろん，活動の目的をそこなう。

ペアで，また小グループで話し合いながら作業するように学生を訓練することは，コミュニカティブ・アプローチを使った外国語学習と授業を成功させる上で重要であるが，そこには多くの危険がありうる。したがって，監督者がいなくても「英語だけ」で活動できるだけの自信を学生達がつけていることがはっきりするまで，教師がしっかり監督して，ゆっくり注意深く訓練を進めなければならない。

ここに挙げた例は，あくまでも例であって，個々の教育の場で利用するには手直しが必要となろう。またこの節で参照した文献には，適切な訓練活動の例が数多く示されている。

2-3　*A Home From Home*：個別化されたコミュニカティブな教材に向けて

　ここからは，日本の大学1年生の EFL コースにおける「授業」としてのコミュニカティブな教室活動をいくつか見ていくが，大学以外の場でも教師がこの企画を実験的授業の基礎として役立つと考える場合もあろう。これらの活動例は，次のような理由からコミュニカティブな EFL 学習の例として選んだものである。

（1）これらの活動は，30～35人のクラスで使われたもので，実践可能である。

（2）これらの活動はどれも，特定の練習を展開する物語の全体的な文脈に結び付いている。そして，そのようにして言語学習における文脈と意味の重要性を強調している。

（3）これらの活動はいずれも，テクスト中心であるか課題中心かである。この2種類の活動は，コミュニカティブなアプローチでは相補的であると考えられている。

（4）これらの活動は，第2章で述べたコミュニカティブな授業システムの特徴を示すために，1人で行うもの，ペアで行うものあるいは小グループで行うものに分けて記述されている。

（5）これらの活動は，他のアプローチとは異なる典型的なコミュニカティブな教室活動の型を表している。

（6）これらの活動は，第2章で述べたように，将来の外国語学習と授業の方向を示す学習者中心のコースの実験的試みとして作られている。

　第2章で，クラス内の小グループは2つのペアの組み合わせと考えた。それぞれの小グループは，1つのグループの中に語学力が「進んでいる」学生と「遅れている」学生を含むように，混成的に作られるのが望ましい。

　小グループが「プロジェクト」（→p.140参照）のような活動を行っているときには，学生達に次の4つの役割が割り振られる。

①グループ・リーダー

　小グループのリーダーは，グループが話し合うときに「議長」の役を果たす責任がある。リーダーは，話し合いをまとめ，作業を明確に示し，課題が確実に実行されるようにする。リーダーの仕事は主として口頭で行われる。

②グループの記録係

　記録係は「議事録」を作り，全ての話し合いの決定事項や意見を書き留める。ひとつのプロジェクトにおいて，記録係は，各メンバーの報告書をつき合わせ，それを最終的なグループ報告書にまとめる責任がある。グループ・リーダーが小グループの「議長」であるなら，記録係は「書記」である。記録係の仕事は主として書くことである。

③発表係

　発表係は記録係と連携して働くが，最終的に小グループが発見したことを口頭でクラス全体に対して発表する役を果たす。発表係は，グループの結論を説明あるいは援護するために質問に答える役割も持っている。発表係の仕事は，書かれた情報に基づいて主として口頭で行われる。

④参加者

　小グループの各メンバーは，課題を完了するための参加者である。参加者はデータを集めてそれをグループに報告する役割をもっている。参加者の報告は口頭で行っても書いてもよい。

　小グループ活動におけるこれらの「役割」は全て相互に作用し，また課題中心的なので，本質的にコミュニカティブな役割である。コミュニカティブな授業システムにおいては，小グループの4人のメンバーが役割を交替することによって，どの学生もさまざまな役割を演じる機会が与えられることが望ましい。このような役割の交替が確実に行われて全ての学生がグループの中で4つの役割を演じる機会を持つようにするのが，教室における授業システムの運用という教師の役割の機能のひとつである。

コースの文脈と計画

　以下の活動例が含まれているコースは，神田外語大学の英語専攻の1年生のための1学期間の精読技能力養成コースである。このコースは，学生達が特別に企画された教材をもとにして自分自身の学習計画を立て，実行する実験的コースである。このコースは，*A Home From Home* という題の物語をもとにしている。

　A Home From Home は，経済学を勉強するためにロンドン大学に行こうとしている田中宏という日本人大学生に関する6つのエピソードからなる物語である。この全体的状況の中で，物語はロンドンで適当な下宿を捜そうとする宏の試みに焦点を当てている。これは，個人の，個人間の，そして文化間の問題をいくつも明らかにするテーマであり，それが教室での活動の主題となる。エピソードはそれぞれ違った形式で提示され，その結果として，異なった教室活動を生み出す。エピソードは，およそ次のように要約できる。

Episode 1 : Hiroshi's 'Exciting New Adventure'
（物語の読解）
　宏はロンドン大学で勉強するようにと父親から言われる。宏は始めは行きたくないと言うが，父親に従い，旅行の準備をする（ビザを取るなど）。物語は，宏の準備，出発，ロンドン到着を描く。

Episode 2 : The Search for Digs Begins (Part 1)
（精読——広告）
　イギリス人の友人 Tim が，宏が宿に落ち着き，お金を手に入れ，新聞広告で下宿を捜すのを手伝ってくれる。宏の予算と下宿の条件が議論される。

Episode 3 : The Search for Digs Begins (Part 2)
（5場からなるドラマ形式）
　宏と Tim は広告に出ている下宿屋をいくつか見分し，そこでいくつかの問題が明らかになる。（それぞれの見分は，宏，Tim，下宿屋の主人の話し合いとしてドラマ仕立てになっている。）文化的違いなどが表面化し，

がっかりする結果になる。

Episode 4 : The Collect Call
(電話での会話の記録)

　がっかりして，宏は家に電話をかける——カルチャー・ショックが始まる。

Episode 5 : The Solution
(文字化された物語とドラマ)

　夕食を食べに行く途中で，偶然，宏はある家の窓に貼ってある広告に気付く。そしてその家が，捜し続けていた異国の我が家（the home from home）であることに気付く。

Episode 6 : Epilogue——the Letter
(私信)

　下宿先のSaundersの家族と3年間楽しく生活した後，休暇で日本に帰国中に，宏はSaunders氏からもう彼らの家で下宿を続けることができないという手紙を受け取る。説明は何も書かれていない。物語は，何が起きたのか，なぜ宏はもう下宿できないのかという疑問で終わる。

　以下の教室での活動例は，上記の*Episode 2*に基づいている。これから，まずエピソードのそれぞれの部分を提示して，その後コミュニカティブな学習と授業の基本原理にそって論じることにする。

　このコースの授業システムにおいて，学生達は，担当の教師と相談したうえで，コース中の一定の時間数で終了できる計画を作りあげる。学生達は，彼らが選ぶ別々のタイプの活動によって課せられる条件を満たせば，自由に自分の計画を作りあげることができる。

　学生がコースを通して進む道は第2章の図2.8に示されている。その図から分かるように，全ての学生は，各エピソードについて，まずReading Source（読解資料）に載っている物語の情報を読んでReading Comprehension Card（読解カード）[2]を完成する。それから次に行うテキスト中心の活動または課題中心の活動を選択する。

読解活動

1. On Thursday, Tim Jones arrived at The Lion's Arms just before nine. He had the morning newspapers with him. Hiroshi was feeling much better after a good night's sleep.

2. Tim and Hiroshi went to a nearby cafe for breakfast. It was a 'buffet style' breakfast, and Hiroshi stood looking at the choices for a long time before deciding what he would have. This was his first 'western' breakfast outside Japan, and he was surprised to find that there was no salad among the choices. But there were lots of things to eat, some familiar and some unfamiliar.

3. After breakfast, they went to a nearby bank where Hiroshi cashed some traveller's cheques. For ¥120,000 he received £500. The exchange rate for that day was ¥240 : £1. Hiroshi was later glad that he had changed so much of his money that day. The next day, when he cashed another traveller's cheque, the rate had declined.

4. From the bank they went back to the hotel to look at the classified advertisements in the **For Rent** columns of the Real Estate advertisements. "You'll want to live in Bloomsbury" said Tim pointing to the Bloomsbury part of the For Rent columns. "If you live in Bloomsbury, you'll be able to walk to the university every day. That will be a considerable saving on transportation."

5. Tim and Hiroshi pored over the advertisements for rental accommodation in the Bloomsbury area. Here are some of the advertisements they saw and discussed :

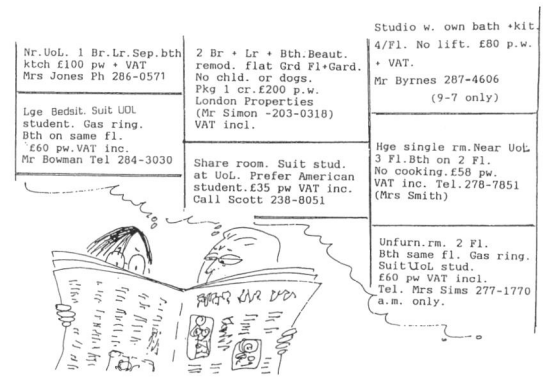

```
Nr.UoL. 1 Br.Lr.Sep.bth    2 Br + Lr + Bth.Beaut.    Studio w. own bath +kit.
ktch £100 pw + VAT         remod. flat Grd Fl+Gard.  4/Fl. No lift. £80 p.w.
Mrs Jones Ph 286-0571      No chld. or dogs.         + VAT.
                           Pkg 1 cr.£200 p.w.        Mr Byrnes 287-4606
Lge Bedsit. Suit UOL       London Properties         (9-7 only)
student. Gas ring.         (Mr Simon -203-0318)
Bth on same fl.            VAT incl.                 Hge single rm.Near UoL
£60 pw.VAT inc.                                      3 Fl.Bth on 2 Fl.
Mr Bowman Tel 284-3030     Share room. Suit stud.    No cooking.£58 pw.
                           at UoL. Prefer American   VAT inc. Tel.278-7851
                           student.£35 pw VAT inc.   (Mrs Smith)
                           Call Scott 238-8051

                                                     Unfurn.rm. 2 Fl.
                                                     Bth same fl. Gas ring.
                                                     SuitUoL stud.
                                                     £60 pw VAT incl.
                                                     Tel. Mrs Sims 277-1770
                                                     a.m. only.
```

6. As they were studying the advertisements, Hiroshi told Tim that his father had said that he had a 'basic accommodation allowance' of ¥60,000 per month. They had to think of that as they scanned the advertisements. That calculation wasn't too difficult for Hiroshi. What was difficult was the abbreviated way the advertisements were written. He had to ask Tim several times what the letters in the advertisement meant.

7. When people put classified advertisements in the newspaper, they pay for the amount of space (the number of words) taken up by the advertisement. So, people abbreviate words to save space. These abbreviations frequently puzzled Hiroshi.

FYERPC: A HOME FROM HOME
EPISODE TWO: *THE SEARCH BEGINS*
READING COMPREHENSION EXERCISE
CREDIT VALUE: 1 HOUR

I **INSTRUCTIONS**

1. Read and answer the following questions about Episode 2. Write your answers on the dotted lines after each question. Write neatly so that your answers are comprehensible.

2. This is a text-based exercise. Some of the questions ask you to choose the 'best' answer to the question. To answer such questions, put a tick(✓)beside the best answer offered.

Some of the questions require you to write a sentence answer. Because this is a text-based exercise you must pay careful attention to the way you express your answers. So, after you have finished writing your answers, **edit** what you have written.

II **QUESTIONS**

1. The day of the story, Tim Jones met Hiroshi at about
    a. 9.00 p.m. ....
    b. Just before 21 hundred hours.........
    c. 8.50 p.m. ....
    d. Nine hundred hours.........

2. Why was Hiroshi surprised at the cafe?
    a. There were so many choices of things to eat.........
    b. There was no salad among the things to eat.........
    c. It was his first time to eat breakfast in England.........
    d. He wanted to have some salad to eat.........

3. Why did that surprise him?

    Because.........

4. When Hiroshi looked at the food on the buffet table he had never seen some of the dishes.
    a. True.........
    b. False.........
    c. You can't tell.........

5. What does **¥240**∶£**1** mean?
    a. If you give the bank one pound you will get two hundred and forty yen in exchange for it.........
    b. If you give the bank two hundred and forty yen you will get one pound in exchange.........

6. Hiroshi's budget for accommodation is ¥60,000 per month. How many pounds per week is that?

7. Here are some abbreviations used in the advertisements about accommodation in Bloomsbury. The abbreviations are about flats and rooms. Use your

knowledge about flats and rooms and about Bloomsbury in London to write what the following abbreviations stand for:

    a. Nr UoL.........
    b. Lge bedsit.........   c. Br.........
    d. Lr.........   e. Bth.........
    f. Kit.........   g. 3Fl.........
    h. VAT (Use your dictionary).........
    i. Grd Fl.........   j. £35 p.w.........
    k. VAT inc. ....

8. Which accommodation is
    a. the most expensive.........
    b. the cheapest.........

9. Write the telephone number of the places which are
    a. above Hiroshi's budget — they are too expensive — :
    ....
    b. within Hiroshi's budget — he can afford to rent them — :
    ....

10. The VAT in London is currently 10%. What is the total rent per month of the following?:
    a. The studio advertised by Mr Bymes.........
    b. The accommodation advertised by Mr Bowman.........
    c. The room advertised by Mrs Smith.........

III   INSTRUCTIONS

1. Get the Answer Sheet for Comprehension Exercise#2 and mark your work:
2. Mark your Progress Chart and put this sheet in your Student Profile.
3. Choose your next activity.

IV   HOW LONG DID THIS EXERCISE TAKE YOU?.........

読解資料を読んだ学生が完了することになる設問は，文脈の中でテクストを解釈することと関係している。これはもちろん，コミュニカティブ・

アプローチによる言語学習の基本原理の1つである。つまり，テクストは文脈の中で解釈されて初めて意味を持つのである（→第1章）。大学1年生を教えている教師の多くは，学生達は英語のテクストを分析し，その分析に基づいてある種の「理解」を測る設問に答えるように訓練されてはいるけれども，テクストとテクストの置かれている文脈とを関連付けることは必ずしも学生達の理解の過程の一部になっていないと述べている。

　読解練習の設問は，学生にテクストと文脈とを関連付ける訓練をするものである。設問の多くは学生に意味を「推測」する訓練をする。これはコミュニカティブ・アプローチによる言語学習の一部を成すものである。

テクスト中心の活動

a）語彙練習

```
FYERPC: A HOME FROM HOME
EPISODE TWO: THE SEARCH FOR A HOME FROM HOME FOR
             HIROSHI BEGINS
TEXT-BASED ACTIVITY 1B
VOCABULARY STUDY (PART 1)
CREDIT VALUE: ONE HOUR
```

Exercise 1：
Instructions：
　Here are some words which can be used instead of **words** or **groups of words** in the story of Episode Two. Write out the sentence from the story using the new word so that the essential meaning of the sentence does not change.

　Example：
reached（para.1）
　The word **reached** can take the place of the words **arrived at** in paragraph 1 without changing the essential meaning of the sentence. The new sentence has been written out using the word *reached* instead of the words arrived at.

Go ahead and complete these:
1. **a great deal** (para.1)
....
....

2. relieved (para.3)
....
....

3. huge (para.4)
....
....

4. studied (para.5)
....
....

5. short (para.6)
....
....

Exercise 2:
Instructions:
   Here are some words used in the story of Episode 1. Write out the sentence in which the words occur, but use a different word (or group of words) instead of the listed word.

Example:
had (para.1)
....
The word *brought* can be used instead of the word *had* in this sentence.

(Of course, the word brought cannot always take the place of the word *had*. For example: It cannot take the place of the word *had* in the sentence 'I had a sandwich for lunch' because in this sentence *had* does not mean *brought*.
Also, some other words could be used instead of *had*. Some English-speaking people call the *living room* the *sitting room*. Other people call it the *lounge room*.)

1. **cafe** (para.1)
....
....

2. **next**（para.3）
....
....

3. **'ll be able to**（para.4）
....
....

4. **discussed**（para.5）
....
....

5. **told**（para.6）
....
....

Now get the Answer Sheet for this Activity.

Follow the instructions on the Answer Sheet to correct your work and complete the activity. Then fill in your Progress Chart and choose a new activity.

　コミュニカティブな読み取り能力と結びついたテクスト中心の活動のひとつは，文脈の中での語彙の学習である。テクスト中心の活動①は，一人で行う活動であり，単語や語群について，特定の文脈で使われたときの意味を学習する。
　Exerciseでは，学生は次の2つの相補的な学習テクニックを使う。
（Exercise 1）読解資料の中で使われていた語または語群を，実質的に意味を変えずに他の語または語群に置き換える。
（Exercise 2）読みものの中で使われていた語または語群の代わりに，指定された語または語群を使う。
　この練習では，文の意味も文法も共に代用された語に適合しなければならない。使えるかもしれない他の語または語群をリストするようにという指示にも注意を払って欲しい。また，学生は，自分の単語帳に語や句を追加記入することによって，彼の語彙の増加を記録する責任を負っていることにも注目して欲しい。単語は，単語帳の中に「実用的な」語（つまり，

学生が話したり書いたりするときに使ってみたい単語，あるいは使いそうな単語）として，あるいは「読みの」語（つまり，知っているが一般的には役に立たない単語）として追加記入される。

b) 書く練習

> Instructions:
> 1. With a partner, compare the rooms advertised by Mrs Smith and Mrs Sims. Each room has some **advantages** (things that are better than the other room) and **disadvantages** (things that are not as good as the other room). Discuss these advantages and disadvantages with your partner, and decide which are the most important. Your discussion must, of course, be in English.
>
> 2. List the advantages and disadvantages in the diagram above. You and your partner should agree on the list and write the same ones on your diagram. Check with each other to make sure that you have expressed your views accurately.
>
> 3. Find two other students who have completed this activity, and compare your list of advantages and disadvantages with theirs. Discuss these and add to your list, or persuade the other pair to add to their list.
>
> *Mark your Progress Chart, place this Activity Sheet in your Student Profile, and choose another activity.*

　この2人で行う活動では，学生達は，物語中の広告に載っている情報を使って，広告されている部屋についての意見を表現することを要求される。この活動は2人の学生が一緒に活動して，1つの意見をまとめる合意構築練習である。各々意見を書いている間に，学生達は表現についてチェックし合うことになる。

　さらに，自分達の意見を別のペアの意見と比較する時に，個人間のコミュニケーションが生ずる。教師は，この討論をクラス全体の前で行わせて，他の学生達にも意見を述べて討論に参加するようにさせることもできる。しかし，意見の表現と交換は重要であるが，この活動はテキスト中心

```
Mrs Smith's room:
    ADVANTAGES              DISADVANTAGES
1. ................        1. ................
   ................           ................
   ................           ................
   ................           ................

Mrs Sims' room:
    ADVANTAGES              DISADVANTAGES
1. ................        1. ................
   ................           ................
   ................           ................
   ................           ................
```

の活動であり，究極的には表現の正確さに関わるものである。したがって，教師は，学生の書いたものを集めて誤りを訂正すべきである。

課題中心の活動

a)「日本語と英語の広告の比較」練習

　課題中心の活動1Aは，日本と英国の広告を比較する2つの課題中心の活動の1つである。どちらの活動も，学生が1人で行って完了する活動である。この活動では，日本で発行されている英字新聞の広告と日本語の新聞の広告を比較する。もう1つの活動（課題中心の活動1B）（省略）では，英語による東京の広告とロンドン・タイムズの広告とを比較する。

　1Aが，前述のテクスト中心の比較活動とどのように違うのかを明らかにすべきであろう。この違いは，テクスト中心の活動と課題中心の活動の違いの典型的なものである。

　テクスト中心の活動では情報が重要であり，練習の主題の一部をなす。しかし，学生達の最終的な判定（成績評価）は彼らの「正しい」英語の用

法を産み出す行動を基準にして行われる。教師は，学生達の行動を表現の正確さに基づいて評価する。このような判定は，言語学習のコミュニカティブ・アプローチでも重要である。学生達は，英語で正確に自己を表現できるようにならなければならない。

　他方，課題中心の活動では，学生達は，提示された情報に基づいて彼らが行った比較対照によって判定される。学生が成功したかどうかを決定するのは，彼らが示した意見である。コミュニカティブ・アプローチを採用したばかりの教師にとって，学生の「間違い」を無視して「意見」に注意を向けるのは，しばしば難しいことであるが，このような練習では，教師のコメントや訂正は，学生の意見の表現方法に対してではなく，意見そのものに対して行われるべきである。

b）小グループのプロジェクト（pp.142-143)
　小グループのためのプロジェクトが，コミュニカティブ・アプローチによる言語学習の EFL コースで行う活動のうち最も重要なものである。それは，こうした活動が，コントロールされているとはいえ，複雑な「学習中の言語の使用法」に学習者を引き込むからである。課題中心の活動３Ａ「幕張プロジェクト」というのは，こうした英語の使用法の一例である。

　プロジェクト作業を始める前に，教師は，プロジェクトの途中で多くの相談をする必要があるということを学生達に言っておくべきである。相談に応じることが，こうした教室における教師の重要な役割のひとつである。以下に示すのは，「幕張プロジェクト」の教育的特徴のいくつかである。
１）学生達は，最初に読解資料でエピソードを学んで得た情報と技能を使う。例えば，彼らは既に必要経費と為替レートを知っている。
２）彼らが「知っている」情報は，「地域的」文脈の中で作業したり，あるいは地域的文脈に知識を適用したりするためにはなんらかの修正が必要である。これはすなわち，情報を用いる「実生活」での経験なのである。
３）学生達は，彼ら自身で調査して，新しい重要情報やデータを探さなければならない。すなわち，学生達は言語学習を教室外で行なわなければな

らないのである。
4）プロジェクトの過程は，体系的に組織される。各学生は，実行すべき特定の役割を持っていて，自立している。彼らの役割のいくつかは本章の冒頭で言及した。しかし，学生達は自立しているだけではすまない。それは，プロジェクトの過程に高度な相互作用も不可欠なものとして含まれているからである。
5）プロジェクトの目的は問題の解決であり，結果報告は，使われている表現（テクスト）に基づいてではなく，産み出された情報（ことば）に基づいて，つまり，その問題がどのくらいうまく解決されたかによって評価される。
6）学生達も作業の評価に参加する。

今まで述べてきた A Home From Home を用いた活動の概説は，コミュニカティブな EFL 教材の中の一連の授業と活動の一例である。この一連の活動を通して新たな情報——Episode 2——を理解していくのである。

その情報は，学生が新しい情報を使って課題をやりとげる練習をするコミュニケーション活動の基礎となる。これらの活動は言語を使うこと自体を最終目的としているテクスト中心の活動である場合もあり，また実社会で何かを行うために言語を使うことを重視する課題中心の活動である場合もある。

共通の情報入力をもとにしたテクスト中心と課題中心の練習の混在あるいは連鎖が，コミュニカティブな教材の特徴であり，コミュニカティブな EFL 学習と授業がそれ以前の EFL 学習と授業へのアプローチに関する知識を統合しつつ，それより先に進んでいることを示していると言える。

こうした企画における一連の授業は，教材全体を通しての「決められた進行の順」と考えられるべきではない。実際，このような教材の企画の中では，どの活動をやりとげるかは教師や学生が選択することができる。どれも不可欠ではないが，どれもが入力として提示された言語の理解と使用に基本的なものとなることが望ましい。

FYERPC: A HOME FROM HOME

EPISODE TWO: THE SEARCH FOR *A HOME FROM HOME* FOR HIROSHI BEGINS

TASK-BASED ACTIVITY 3A

THE MAKUHARI PROJECT

CREDIT VALUE: 3 HOURS PER PERSON

THE MAKUHARI PROJECT

Project Description

   The brother of one of the ELI teachers is coming from the United States to Japan for a one-week vacation. He would like to stay in Makuhari so that he can be near his sister. However, he realizes that his sister will be working on weekdays so he will have to look after himself on those days.
   Michael is 22 years old and has just graduated from College.
He is a 'fitness freak' and likes to work out in the gym and jog. He loves baseball, and because his visit will be in the Japan baseball season he would like to see at least one game while he is here.

   Michael is also very keen on dancing and is anxious to try different kinds of Japanese food. He is also interested in Shinto and Buddhist religion.

   Your project is to prepare some advice for Michael. In your project you should cover the following:

   1. Accommodation

   2. Eating

   3. Things to do

      a) on weekdays
      b) at the weekend with his sister

   You will need to describe places you recommend, briefly describe how to ge there, and give costs - approximate costs will do.

Procedures

1. Get the Project Procedures Book[3] and plan your project. Follow the steps in the book carefully. Make sure that each member of your Project team knows his or her work.

2. Arrange a meeting with your teacher to discuss your plans. Your teacher will approve your plans or suggest changes.

3. Do your research.

4. Prepare your written report. Follow the form and the suggestions in the Project Procedures Book.

5. Make a brief oral report of your project to the class.

Assessment

This project has a credit value of 3 hours per person. That is, a total credit value of 12 hours. Your project team can allocate the total time any way it wishes. See the Project Procedures Book for ways to allocate time. Fill in the Credit Hours Table and sign it.

Credit Hours Table

	Student Name	Percentage	Total Credit Hours
1			
2			
3			
4			

Signatures

…………………… …………………… …………………… ……………………

(注)

1) *Options* では，「課題」という語は本書で定義したのとは異なる意味で使われている。*Options* での課題とは，「テクスト中心」も「課題中心」も含めて，全ての教室での活動を指している。
2) *A Home From Home* の講読コースでは，実験的な教材を数人の学生が使用する場合にはカードに印刷する。また，学生が記入した後で自分のファイルにとじ込む場合には，紙に印刷される。このやり方は個別化されたコースで，教科書にそった足並みを揃えたコースから決別するのに必要とされる。
3) The Project Procedures Book は，プロジェクトで行われる作業について説明している。プロジェクトには次の作業が含まれる。
    1. プロジェクトで行われる作業をいくつかの部分に分割する。
    2. 情報を集める。
    3. 集めた情報について話し合う。
    4. レポートを書く準備をする。
    5. クラスでの口頭発表の準備をする。
    6. グループの作業を評価する。

第4章 コミュニカティブな言語学習とテスト

　本章ではコミュニカティブな言語学習と授業におけるテストについて考える。

　第1章で述べたように，学習と授業とテストは，教育過程の諸側面として調和の取れたものでなければならない。つまり，学生が学ぶものは，彼らが教えられたことの成果であり，したがってテストされることは教えられたこと，学習されたことと直接的に結びついていなければならない。このような当り前のことを述べる必要はないと思われるかもしれないが，カリキュラムの再編が進められる中で，学習と授業に関する発展のために時として学習と授業とテストの一貫性が失われがちな現在においては特に，このことを心に留めておく必要がある。この一貫性の欠如については，「1-2 不均衡——現代の言語テストの見方」で論じる。

　テストに関する着想が，学習と授業の改変に先行することがある。実際，教育者は，授業の改変を促進するために，まずテストの内容を変えることがある。このような状況は，新テスト技術の「ウォッシュバック（washback）効果」と呼ばれるが，後でその例について述べる。また一方，授業に関する着想や授業のやり方がテストの改革に先行することもある。この場合も学習，授業，テストの一貫性が失われ，結果としてカリキュラムの改変を妨げることになる。

　本章では，コミュニカティブな言語学習と授業という考えによってもた

らされたカリキュラムの改変，EFL の学習と授業とテストの均衡，およびカリキュラム改変の結果必要となったテストの改変の関係について考察する。まず，テストに関する原則とテストの改変の状況について述べ，次にコミュニカティブな言語学習と授業の導入の結果生じたテストの企画に関する概念的変化について考える。そして最後に，テストの企画の一面である口頭によるコミュニケーションの習熟度テストについて詳述する。

1 言語テストの最近の発達状況

　言語テストに対するどのような見方も，各々，ある特定の言語観（言語を学ぼうとする学生は何を学ぶべきかという観点）と言語学習と授業に対する考え方（言語を習得するために学生はどのように学び，教師はどのように教えるべきかに関する見解）に基づいている。言語テストの最近の発達の状況は，これらの２つの観点から見てゆくことができよう。現在，言語の本質と言語学習・授業に対する見方の変化から，テストの企画に関して重要な問題が生じており，こうした状況が言語教育と言語テストの間に不一致を引き起こしている。

1-1　均衡――言語・学習・授業・テストの調和的見方

　1950年代から60年代には，確信とまではゆかなくとも，自信をもって，言語，学習，授業，テストの間に関連があると考えられていた。言語とは言語学者が記述した通りのものであると考えられており，それがどんな記述方法――構造主義理論，文法素論（タグミーミックス），変形文法理論など――を使っているかは問題ではなかったし，記述の目的も問題ではなかった。言語は，本質的に人々が互いに情報を伝達するために使う音と記号の体系と見なされていた。

　言語そのものに対するこのような見方に基づいて，言語学習と授業は，記述された体系に関する知識，つまり，その言語の母語話者の用法（usage）を学習者に習得させることに集中していた。用法の体系に関する知識こそ

が，学習者が必要なときにその言語を使えるようになるための必要十分条件であると考えられていた。

　母語話者の言語使用に関する学生の知識をテストするということは，結果的に言語体系の構造に関するテスト——つまり，言語体系を作り上げている要素とそれらの要素が言語体系の構造にどのように「体系的」に組み込まれているかに関するテスト——を作ることになる。そして，これらの要素は，1度にひとつずつ，個別にテストされるようになった。このように言語構造を個別的に分解し，それらについてテストしたのであるが，テストは，言語学習と授業そのものと同様に，「科学的に」取り組まれた。テストの客観性と信頼性を強調する心理測定法が言語テストの理論と実践の重要な部分となり，テストの企画とテストから得られた結果の正確さに科学的な（したがって議論の余地のない）基盤を与えた。

　1950年代から60年代には言語，言語学習と授業，および言語テストの見方に関して一般に容認された調和が存在したが，その調和の均衡は1970年代になって乱されてしまった。

　つまり言語学習と授業の理論と実践および教室における学習の双方に関するさまざまな考え方が，それまで「受容されていた」言語，言語学習，および言語授業の見方に対して疑問を投げかけ始めたのである。このような疑問が，不安定な時期を導き，結果として，言語の学習，授業，テストに不均衡をもたらした。

1-2　不均衡——現代の言語テストの見方

　1960年代後半から70年代に行われていた言語，学習，授業に対する新しい見方から，EFL の新しい授業方法も含めて，言語教授の理論に対する新しい考え方が続々と生まれた。そして，これらの新しい考えを実施するためのカリキュラムの発達は，一連の新しいシラバスと，新しい目標を具体化する英語学習および教授法と，その結果を明確にし評価する方法の発達をもたらした。

　近年，言語学習と授業の分野において，表明されている目標がどのよう

に体系的に実行されているかを確かめるために、問題への取り組み方、教授法、コースを調べるプログラム評価（Program Evaluation）が発達した。このような評価は、その本質において、言語学習と教授理論の新しい発展の企画と実行に関するテストのひとつである。

徹底的で体系的なプログラム評価はまだその緒についたばかりであるが、新しい言語学習、授業、テストの方法に関する研究は、この新しい取り組みにおいてこの三者がどのように調和を保っているかという点について重要な情報を与えてくれる。これまで「テスト」と呼んでいたものは、学生がプログラムで指定している目標を達成したかどうか（あるいは、どのくらい達成したか）のテストであった。プログラムの中での学習者に対するテストと、プログラムそのもののテストという2つのテストの形式から、プログラム評価と学生に対する評価という用語の区別が生じた。

プログラム評価は学生の評価を含む。カリキュラム改変に関連するプログラム評価について事実とみなされていることは、学生の評価についても事実とされるのである。なぜなら、学生がコースまたはプログラムの目標（概念的枠組）の点から評価されなければ、コースやプログラムそのものに一貫性あるいは均衡が欠けていることになるからである。しかるに現代の外国語学習、授業、テストの実施において、これらの間の不均衡の存在を示す証拠がいくつかある。

1963年から1985年にかけて現れた33の教授法とプログラム評価の研究に関する最近の著書の中で、Beretta（1992）は次のように結論している。

「おそらく、これらの研究のいずれも、今日の言語教育プログラムの評価者にとって特に有効な指針として役立つものはないであろう。なぜなら、第一に、教授法に関する調査は、関連する教授法に対してより深い理解をもたらしてくれてはいない。2番目に、プログラムは厳しいコントロールの対象となりうるのか、また、比較テストが公平なものになりうるのかどうかは示されていない。3番目に、評価が言語学習理論の発展を主要目的としていると期待すべき理由は何もないように思われる。我々はその後の経過をふり返って展望することができるから、これらの

研究を批判するのは易しい。しかし、それらから何も学ばないとしたら残念である。それらの研究を読んだ人が誰でも気づくことは、第二言語教育のプログラム評価については、独立したひとつの研究分野としてのその存在が、また応用言語学の領域を越えた輝かしい評価の存在が、そして結果としてこの種の評価の役割と方向性の明らかな意味が、ようやく気づかれ始めたことであろう。」

Alderson & Beretta (eds.) (1992) は、"What can be learned from the Bangalore Evaluation?" というベレッタの論文で締めくくられている。1984年に、ベレッタは、プラブー (N. S. Prabhu) が監督する Bangalore Project (コミュニケーションによる授業プロジェクトとも呼ばれる) の評価を行った。このプロジェクトは、意味の習得と無意識の文法知識の習得に焦点を置いた外国語学習に関するものであった。ここでは、Bangalore Project とベレッタによる評価のどちらの長所も論じるつもりはなく、むしろ、最近の外国語授業における確信のなさと不均衡を反映しているベレッタの論文に対するこの本の編者の論評について論じる。論評には次のような見解が含まれている。

「したがって、ベレッタによる章は、この本の中心テーマである以下の点を論じている。つまり、評価は重要であり、プロジェクトの最初から考慮に入れておく必要があるが、同時に、評価は厳密に科学とは言えない。評価の結果が期待に反しているとき、その評価は干渉、状況理解の不足、教授法の不完全さといった非難にさらされる。」

「評価は厳密に科学とは言えない」という認識は、言語テストの分野に対する一般的な確信の無さを反映している。この確信の無さ、自信の無さは、ベレッタの関心の中心であるプログラム評価に反映されているだけではなく、学生の習熟度と達成度の評価、すなわち学習者評価という最も重要な領域も含めて、言語学習と授業に対する評価の他の側面にも反映されている。確信の無さは、ある意味では、言語学習と授業の目的の変化につれて生じてきたものである。もし学習の進歩が、単語などのテクストの言語体系に関わる知識を正確に獲得することでないとすれば、いったい何がその

目的なのか，またその進歩をどのように測定したらよいのか。これが，均衡から不均衡への変化，つまり，何が言語知識を作り上げているかということに関する自信あるいは確信から，言語知識がどのような形で現れてくるのかについてのいくつもの異なる解釈に関する確信の無さと実験重視へという変化に伴うジレンマである。このような確信のない状況が続く限り，しばしば，学生達は教えられたことと一致しないテストによって評価されてしまう。

日本国内の例では，神田外語学院のカリキュラム刷新プロジェクトの学生評価（Student Assessment Focus）グループの報告に，この種の確信の無さが現れている。

過去40年間余りのESLおよびEFLの分野，特に革新的な方法論の領域における発達と成熟にもかかわらず，学習者評価の問題は実質的に無視されてきた。上記の報告は次のように述べている。

「下記のような幾つもの要因が組み合わさって，革新的な学生評価のテクニックの発達を遅らせてきたようである。1）大規模な評価プログラムを企画し，発展させ，実行するのは困難であり，費用もかかる（Henning (1987))，2) 外国語教育の専門家たちが複雑な定量分析から離れがちである (Brown (1988))，3) EFLおよびESLの教師養成のプログラムや専門書では，しばしば教室における教師に対する評価方法の指導という問題が十分に論じられていない（Littlewood (1987)，Nunan (1988)，Richards and Nunan (1990)，Harmer (1990)，Grosse (1992))，4) 教育機関は基本的に保守的で，一般的に「実験的な」取り組みを採用することを奨励しない（Stoynoff (1989))。恐らく多くの場合，教師は，学生を評価する際，非公式で企画のずさんな評価方法に頼らざるを得ないであろう（KIFL (1993))。」

最近の状況でのテストに関する確信の無さは，学習と授業に関連するテストの担っている相矛盾する2つの役割にも具現されている。テストの役割の1つは慣例の強化であり，もう1つは変化の促進である。

テストは変化を抑制する。なぜなら，公平なテストは学生が学んだこと

しかテストしてはならないからである。したがって，テストの内容は学生が学んだことを反映するだけでなく，教師はテストの内容に基づいて授業をするのであるから，変化が起こらないことを保証する結果になるのである。

　この意味において，テストの変化は常にカリキュラムの変化の後に，そして学習と授業の変化の後に起きる。そして，学習と授業の変化の時期においては，テストの構成は常に学習，授業と調和せず，一致しないことになる。過去20年にわたって，EFL授業の分野はそういう状況に置かれていた。カリキュラムの開発に当っている人は，カリキュラムを改良しようとする努力が，学生がその受験準備に追われる「時代遅れ」のテストによって阻まれていると不満を言い続けてきた。

　日本の大学入学試験は，テストをめぐる確信の無さと挫折感のあらわれの例である。大学入学試験の是非に関する両面からの議論は，テストの有効な機能をよく表わしている。

　大学入学試験の目的は，「一番良い」学生を大学に入れることであり，そのためには，この基準にそって志望者を選別しなければならない。しかし，テストとその選別基準に関しては，次の問題がある。

　①「一番良い」学生とは，高校のカリキュラムの学習という点で最も良い成果をあげた学生なのか。つまり，大学入学試験は学力テスト（achievement test）なのか。

あるいは，

　②「一番良い」学生とは，大学のカリキュラムで最も良い成果をあげると予測される学生なのか。つまり，大学入学試験は適性テスト（aptitude test）なのか。

　このジレンマは，学習，授業，テストに調和がないとき，つまり言語学習，授業，テストの目標に変化が起こり，確信が失われた時期にだけ生じることを指摘しておくべきだろう。もしも高校と大学における言語学習と授業過程が変化なく継続しているなら，何も問題はないのである。

　テストのもう1つの役割は，先に述べた「伝統の強制者」としての役割

とは対照的な，変化の先駆者としての役割であり，したがって，混乱と不確実さを助長するものである。テストは，時として，教える内容に影響を与える方法と考えられる。この役割は，この分野の文献では「ウォッシュバック」とも呼ばれているが，教師が何をどのようにどんな目的で教えるかということにテストが影響を及ぼすことがある。というのは，教師は学生が受けなければならないテストのために教え，そのテストが特定の分野における学生の知識を測るのなら，テストは教えられた知識の領域の中にあることになるからである。これは，異なる観点からの議論ではあるが，先に述べた「伝統の強制者」という議論と同じものである。

香港高校で教授法を変えるために企画された Hong Kong Scaling Test (Johnson & Wong (1981)) については本書で既に紹介したが，このテストは2番目の役割，すなわち変化の先駆者としての役割の好例である。

このように，最近の言語テストを取り巻く環境は，言語学習と授業の目標そのものが変化しているときにあって，テストの目標と方法論が混乱し不安定になっているだけではない。学習と授業の過程においてテストが担っている本来の役割自体も混乱を示しているのである。

2　EFL のテストの企画における概念的変化

2-1　企画と変化の諸相

言語テストに関する議論のほとんどがテストの企画と目的に集中している。そして，テストの企画に関する議論は，実用性 (practicability)，信頼性 (reliability)，有効性 (validity) の問題に関与している。

実用性は，テストの経済面，管理面，解釈の面に関係するが，その制約は時として無視することができる。例えば，TOEFL は，経済的には世界中のほとんどの国で非実用的である。1人の学生に対して TOEFL を実施するのにかかる費用は多くの人の収入を越えているのである。しかし，このテストが教育を受けたエリートのためだけのテストであることから，実用性の条件を免れている。貧しい国においても，このテストを必要とする

のは教育のあるエリートであろうから，テストの費用を支出してもらうことができる。

しかし，一般的には，実用性はテストを企画する上で考えなければならない重要な点である。語学力テスト（tests of language proficiency）の多くが，その実施に関してあるいは採点に関して非実用的であるという理由で捨てられてきた。（したがって，これらはテストのプログラムで広く用いられてはいないのである。）例えば，ディクテーション・テスト（書き取りテスト）はどちらの面でも非実用的である。

より重要な例は，口頭実力テスト（oral proficiency）である。英語の口頭実力テストは，TOEFL の結果をもとに決定を下さなければならない人々の場合と同様に，テスト結果を利用する側には重要な関心事であろうが，実施と採点の両面において非実用的であるためしばしば無視されてきた。しかし，EFL 教室で行われる学習と授業を測る重要な物差しとして EFL テストが認知されるには，口頭実力テストを実用化する必要があるということを，本書では主張しているのである。この問題は後でもう一度取り上げる。

信頼性は，テストの理論と実施において，テストの一貫性と確実性をテストすることによって生じると想定されている。テストをテストすることには複雑な統計的プロセスが含まれている。そして統計的情報を提供することが重要なために種々の制約が課されるが，これらの制約が価値のあるものかどうか疑わしい場合もある。

テストの内容と実施方法が，統計的分析の要請を満たす必要性によって制約を受けるのなら，言語教師は言語テスト実施者と衝突することになるという人もいる。現在のような変化と不確実な時期にはその通りである。

有効性は，テストの企画の最も複雑な面である。なぜならテストが学習と授業の内容の真の結晶であるかどうかは，判断の難しい問題だからである。有効性は，学習目標とテストの適合性に関する基本的なテストであり，テストの企画についての客観的および主観的判断を含んでいる。

コミュニカティブな言語学習と授業をテストする人々が，学生達の累積

的評価を強調することから形成的評価へと移っていったのは，テストの有効性を確立するという問題があったからであるとする主張は，支持し難いものではあるが，完全に間違っているとはいえない。

言語テストの目的に関する議論は（企画に関する議論とは対照的に），さまざまな種類の言語テストとそれらの果たす機能に集中している。ここでは，実力テスト（proficiency test）を，診断テスト（diagnostic test），学力テスト（achievement test），適性テスト（aptitude test）と対比して論じる。

実力テストは，知能検査（intelligence test）と同様に，全体的な言語能力があるかどうかをテストすると想定している。こうした全体的な言語能力のテスト方法は，知能検査の場合と同様に，何を測定するのか，文化的に偏向していないか等々，近年その概念と形式の両面において問題視されている。

言語の実力テストは，特定の学習と授業コースから独立したものであると主張されていることもあって，最近綿密に調査されている。このような主張は，実力（proficiency）という概念と学力（achievement）という概念は異なるという考えに基づいている。しかし，実力は学力を含んでいるという考えが認められてきており，こうした融合の認識に立って，最近では，実力テストを実学力（prochievement）テストと呼ぶことがある。

診断テストは，学生の言語知識の少ない領域あるいは欠如している領域を確認できると想定されている。そして，言語知識のどの面にもっと注意を払う必要があるかについて，教師と学生に情報を与えることを目的としている。

今日の言語学習では，診断テストはその有用性を失ってきている。というのは，診断テストの有用性は，ほぼ完全に「テクストの正確さ（text correctness）」に関するもの，つまりテクストに出ていることを学生がどのくらい母語話者に近い使い方で使えているかに関するものであるからである。言語学習と授業の目標が，テクストをそのまま産出することから課題を成就することへと変化するにつれて，テクストを正確に表現するという

点における弱点を見つけることの意義は減少しているのである。

　このことは，学生と学習に関する専門家という役割を持つ教師が日常的に教室で下す診断の役割を否定するものではない。この役割を果たすに当って，教師は常に学生の作業を監督し，なぜ学生が満足のゆく作業ができないのかを診断する。しかし，このような専門的な役割を果たす時，教師は，何が問題なのかを判断するのにテストに頼りはしないだろう。恐らく専門家としての直観の方がより重要な指針となるからである。

　さらに，問題点がテクスト産出に直接関連しているとき（例えば発音の問題）であっても，その問題点を診断するのにテストを使うことは役に立たないと思われる。ほとんどの学生は特別な授業を受けなくても十分理解できる程度の発音技能を身につけることができるからである。特別の発音教授を行う場合は，クラスの教師が言語ラボでこれを行うのではなく，訓練を受けた専門家が言語治療のためのラボで行うのが望ましい。

　クラス分けテストを診断テストや実力テストの範疇あるいは両者を合わせた範疇に入れている著者もいる。しかし，このような分類は誤解を招きやすい。クラス分けテストは，後で論じるように，診断テストとはその目的が異なっているのである。

　学力テストは，最も広く行われている語学テストであり，あるコースで学生がどれだけのことを学んだかを測定する。知識が増えたかどうかは，そのコースの目標を基準として測定される。

　学力テストは，学習過程の途中で行われるもの（形成的実力テスト：formative achievement）と，学習過程の終了時に行われるもの（累積的実力テスト：summative achievement）がある。したがって，実力テストは，学習と授業過程において不可欠な部分である。実際，学習と授業はその過程の全てのレベルにおいてテストを含んでいると考えられている。テストはコースの途中で間を置いて時々行われるだけでなく，毎回の授業で教師が学生の理解と教室での活動をチェックするためにも行われる。このような時々刻々その場に応じて行われるチェックも実力テストの一形態である。

　適性テストは，診断テストと同様に，主として，言語テクストを作り出

すのに必要な能力（知能を別にして），例えばパターンの記憶，聞きなれない音型の模倣などに必要な技能を識別する能力を測ることに関係している。言語学習においてテクスト産出の重要性が減少するにつれて，適性テストの技術的側面もあまり重要ではなくなってきた。さらに，知能と適性の境界線がはっきりしないので，どの性質が特別な適性で，どれが知能に属するものなのかを区別するのが困難である。

本章では，テストの企画と目的の本質について考えるのではなく，むしろ，現在の不安定な時期に変化（テストの企画と目的における変化）を生じさせてきた考え方を基礎にして議論する。

考えうるさまざまな変化の可能性の中で，次の5つを言語学習と授業へのコミュニカティブ・アプローチに必要な，変化に対応するためのテストの改良方法の代表的なものとして取り上げる。

1）累積評価から形成評価へ
2）外的評価から内的評価へ
3）分析的評価から全体的評価へ
4）数字から記述へ
5）口頭実力評価へ

上記から分かるように，ここではプログラム評価ではなく学生の評価に焦点が当てられている。しかしプログラム評価の重要性を否定しているのではなく，むしろ評価の概念をひとつのプログラムの中で（あるいは，コミュニカティブな言語学習と授業という枠組を共有している各種の異なるプログラム全ての中で）検討しているのである。

2-2 累積評価から形成評価へ

あるコースでの学生の進歩と課題遂行に対する累積評価も形成評価も，ともに学力評価である。つまり，どちらも学生が取っている特定のコースにおける学生の知識の獲得，技能の習得，課題成就，およびコース目標の達成の方法に関連している。学力は，学生が教えられたことをどれだけ学んだかによって表わされる。

累積評価は，通常，コースの終わりに出される成績やパーセンテージを表わす数字といった形式で与えられる「最終結果」の評価である。評価は，通常，1回のテストまたは数回のテストの総計，宿題，レポート，論文，あるいはこれらを組み合わせたものをもとにして与えられる。

　累積評価は，外部向けの場合が多い。つまり，コースや教室に参加していない外部の人，例えば，教育に関する権威，将来の雇い主，両親などの，学生がコースでどのように学習し何を達成したかに興味を持っている人に向けての情報である。

　このような累積評価に関連した大きな問題は，「それはいったい何を意味しているのか」ということである。例えば，あるクラスでもらったAという評価は，同じ学校内の同レベルの学生から成る他のクラスにおけるAと比べたとき，どんな意味をもっているか。この問いに対して注目する価値のある答えを得るためには，その学校におけるクラス分けの仕方，その学校の成績の付け方（例えば，成績は出欠を評価基準としてつけられるのか，それ以外のどのような要因が考慮にいれられるのか）など，学生の学業達成という意味で点数を意味あるものとする要因についてよく知っていなければならない。

　一方，形成評価は，内部向けである。コースを通しての進歩についての教師と学生に向けた情報である。伝統的な学習環境でも，学生に与えている作業を（全員同じペースで）続けて行うかどうか，あるいは，教えられていることがらを理解していない学生のために授業内容を修正すべきかどうかを決定するために教師はこのような情報を必要とし，利用もしてきた。形成評価は，教師と学生の作業（あるいはその達成）に関する時々刻々の，あるいは授業毎の評価である。

　コミュニカティブな言語学習と授業の出現が，形成評価と累積評価の機能に変化をもたらしたと言える。その変化の一部は，言語学習における達成レベルの概念の変化，つまりテクスト中心から課題中心への変化によって生じた。また一部は，何が進歩なのか，そのような進歩を（「内部向け」にも「外部向け」にも）どのように報告するのが望ましいのかについての

見方の変化により生じた。

　コミュニカティブな教育のカリキュラムでは，授業内容を課題（実行すべき事柄）として組み立てる。したがって，1つのコースは，学生が実行する多くの事柄の集合と見ることができる。このような見方に立つと，コースでの進歩は，期末の時点においてテストやレポートによって，あるいは一連の作業によって測定される「その場限りの」能力や実技の点から測定することはできない。コースを通して習得した「課題中心の」技能の集積のみを進歩と見ることができるからである。課題中心の学習において重要なのは，学生がコースの中で何を達成したかということである。学生の言語使用能力を測ることができるのは，言語の用法に関する学生の知識やある特定の時点での技能の実演ではなく，こうした課題の達成なのである。

　テクスト中心の学習から課題中心の学習への変化がテストに及ぼす影響については，現在まだ明確な結果が得られていない。コミュニカティブな言語学習における学生の達成度を評価する決定的なテストの輪郭さえも，まだ現れていないのである。しかし，テストの輪郭に関わるパラメータはいくつか現れ始めており，そのひとつが累積評価から形成評価への動きである。

　こうした動きは，累積評価という概念の重要性や，コミュニカティブな言語学習コースの履修生の学習目標と経験に適応した累積テストのための手段の開発の必要性を否定するものではない。そうしたテストに必要な手段を開発することは急務である。例えば，外国語としての英語のコミュニケーションを重視する学習における情報処理と個人間コミュニケーションの原理を組み込んだ英語学力テストについて研究し，早急に企画開発する必要がある。こうしたコミュニケーションに関する学力テスト（累積テスト）の企画については後述する。

　累積評価から形成評価への重点の移行は，コースにおける学生のクラス分けおよびクラス替えに関する変化をも含んでいる。この点において，累積評価対形成評価と外的評価対内的評価は，テストの基準として対立すると同時に接点を持ち，補い合う。

コースにおける学生の選抜とクラス分けは通常，学生の学力を測定して比較するテストによって行われる（→p.36参照）。

こうしたテストは累積テストである。学生はどの学力レベルに入れられるべきなのか。このようなテストは次のことを前提にしている：

1) ある学生があるコースの中でどこから学習を始めたらよいかを示す，一般化された（総括的な）学力基準として学力レベル（中級，上級など）が存在する。
2) テストは，分けられたクラスで学生がこれから行うことに関してテストする。つまり，テストはこれから行われる作業に関する有効で信頼できる指針である。

現行の理論と実践は，これらの前提のどちらも保証されていないことを示している。また，学生の選抜もクラス分けも，総括的な学力によるのではなく，これから履修するコースの点から行われることが望ましいことを示唆している。

クラス替えは，さらに問題のある概念である。最初のクラス分けがさまざまな理由からしばしば適正でない場合があることは広く認識されている。しばしばコースの途中で学生のクラス替えをする必要が出てくる。クラス替えは多くの場合学力試験を実施して——ほとんどの場合，最初と同じクラス分けテストを再実施して——行われる。

クラス替えテストは，学生がコースで要求されることに適応した後で，学生をもう一度評価し直すことを前提としている。クラス替えテストは，学力テストであり，学生をコースの中で位置付けるためではなく，全てのコースに適用できる基準，すなわちコースの企画の「外にある」基準にそって学生に順位をつける累積的なテストであることが多い。

クラス替えテストは，ある特定のコースで必要とされることがら，言いかえれば学生がどのように上達しているかという観点から作られる形成的なテストであることが望ましい。特に課題中心のコースにおいてコースの企画と学習者の評価のために必要なのは，累積的よりも形成的な学習者評価方法のモデルである。

2-3 外的評価から内的評価へ

　コミュニカティブな言語学習と授業では，学習と授業の焦点が言語に限った目標から課題および機能に限定した目標へと移った結果，コースの企画がより特定されたものになること，すなわち特定のグループの学習者の必要性を満たす企画になることが必要になった。コースと教材を企画する過程は必要性の分析から始めるべきであると指定するのが望ましいという考え方は，コミュニカティブな言語学習と授業の発達の歴史の一端を担っている。学習者をコースの学習目標設定に参加させることの重要性を強調することからほんの一歩進めれば，コースの学習目標が達成されたかどうかに関する評価に学習者を参加させることが望ましいという，コミュニカティブな言語学習と授業の概念が生まれる。

　自己評価の概念は，コミュニカティブな言語学習と授業の実行に関わる他の多くの概念と同様，1970年代のヨーロッパ評議会（the Council of Europe）に由来する。ヨーロッパ評議会は次のように述べている。

　「自己のコミュニケーションの有効性に関して，信頼でき妥当な判断を自主的に下せるように学習者を教育することが，学習過程において必要である。(Oskarsson (1978))」

　自己評価や仲間による評価に関して常に問題になるのは，その信頼性である。これに関する2つの興味深い研究がBrindley (1990) に収録されている。どちらの研究も，自己評価および仲間による評価の信頼性とウォッシュバック効果に関する先達の発見を確認しており，Rolfe (1990) は次のように結論している。

　「学習者の「推測」は，単なる推測ではない。それは，学習者の直観であって，さまざまな要因によって影響され調和され，彼等の英語の能力と母語の能力を比較することによって磨かれたものである。この「熟達度の開き」によって，学習者が自己を評価し自分の進歩を監視することや，自分を仲間と比較することができるようになるのであるが，これは，彼らが生来持っている判断基準ともいえるものである。」

　学習者に自分自身と仲間の評価をさせるというのは新しい考えであるが，

教室での練習の計画だけではなく，それらの練習の成果の評価についても，学生達と一緒に作業をすることの価値を教師達が認識するにつれて，この考えはますます広まってきている。

2-4 分析的テストから総合テストへ

1950年代から60年代には，言語は不連続な単位からできているという信念，すなわち，言語は音素から形態素，あるいはそれより大きな単位を作り上げるために他の単位と順次結合されていく不連続な単位として記述することができ，母語話者がコミュニケーションにおいてどのようにその言語を使用するかということに関して学習者が持っている知識が検証できるものであるという信念に基づいて，概念上の均衡が保たれていた。しかし1970年代には，このような言語，学習，授業，テストに関する考えの言語学的基盤および教育的基盤の両方に学者達が疑問を持ち始めた結果，個別の独立した項目のテストから総合テストへの移行が生じた。

総合テストが求めていたものは，学生の全体的語学力，つまりチョムスキーの主張する内的文法の関心事であった潜在的言語能力に対する尺度であった。Oller (1972) は，この潜在的言語能力は個別の能力の総和ではなく，むしろ全ての言語学習者と言語使用者が持っており，必要なときに使うことのできる「予測の文法 (grammar of expectancy)」ともいえる統合された集合体であると論じている。

総合テストは，意味のテストを重視し，言語の機能的基礎を利用し，言語の使用に際して全ての言語要素がどのように統合された方法で働くのかということに関心を払っている点で，コミュニカティブな言語テストの発達と密接に結びついている。

次の4種類のテストは，テストのこうした側面をよく示している。

(1) 穴埋めテスト (cloze tests)

　　穴埋めテストは，一定のパターンで現れる空白を認知し埋めるという意識下の能力に基づいている，すなわちゲシュタルト心理学に基づいているものである。学生は，テスト文にある空欄を適切な語で埋め

てテスト文を完成させるように求められる。空白は，一定の間隔で現れる（テスト文のn語目ごとの語が空白になる）場合も，合理的基準による（すなわち文法的，意味的特徴の広がりに従って空欄が作られる）場合もある。

（2）書き取りテスト（dictation tests）

　書き取り（すなわち話しことばから書きことばへの記号転換）は，口頭によって与えられる語の形だけでは判断できない文法上の選択を行うために受験者が文脈や意味を参照しなければならないので，本質的に全体のテストであると主張されている。

（3）翻訳テスト（translation tests）

　1語ずつの訳以上のことを要求する翻訳テストは，総合的テストである。残念なことに，翻訳は両方の言語の高度な語学力を必要とするので，テストとして用いても，言語学習の評価という点では非常に限定された価値しか持たない。

（4）作文テスト（composition tests）

　作文は，話す場合も書く場合も，本質的に総合的テストであることは明らかである。なぜなら，作文は文を作るために組み合わせる技術的な形式全体をおおう形式を含むからである。すなわち作文は，明らかに意味に焦点を置いており，「正確な言語テクストを作り出すことを越えた」コミュニケーション上の価値を持っている。

　総合テストは，しばしばコミュニカティブな言語テストと結びつけて考えられたり，同一視されたりするけれども，総合テストとコミュニカティブなテストは異なるものであり，2つを区別することが重要である。総合テストは，言語使用をもとにした（use-based）テストというよりむしろ言語使用法をもとにした（usage-based）テストであり，学生がテクストをどう使うかをテストするのではなくテクストの体系に関する知識をテストする。コミュニカティブなテストは総合テストではあるが，テクストだけに焦点を当てるのではなく，コミュニケーション機能や課題をもテスト

に用いることができる選択肢として含んでいる。

2-5 数学的評価から記述的レポートによる評価へ

　学習者の技能や知識の秤としてのテストは，伝統的に，学習者のコースにおける実技の評価を数値（あるいは数値に相当するもの）で行ってきた。テストの得点は，100％を満点として，その「完成度」に応じて100から0までのパーセンテージで表わされることが多い。

　ある技能や知識に関してはこうした評価が適切であるが，これが不適切な技能もある。例えば，綴りを教えている場合は100％の技能が要求される。ある単語の80％正しい綴りなどというものは認められない。綴りのテストでは，学習者は正しいか誤っているかのどちらかである。しかし，書き方（handwriting）の技能を教えるときにはそうではない。この場合，技能を高めるコースにおける「正しさ」の基準は，前もって決められた完全なモデル[1]に照らして学生がどのくらい正確に書けるかというのではなく，手書きの字を見た人が容易に解読できるかどうか(Yes or No)ということである。

　言語学習の分野で，学習者の技能や知識が大人の母語話者の知識や技能をモデルとして評価される場合，パーセントによる測定が適当とされるかもしれない。このやり方を評価したり正当化したりすることは大変難しいが，広く使用されている。

　数値は，被験者の実技を他の被験者の実技と比較して解釈する標準参照型テストで使用されている。標準グループの得点からグループの平均点と標準偏差，すなわちグループの中での点の広がりが求められ，これらが標準参照型テストにおける個人の得点の解釈に利用される。Bachmann (1990) は，次のように説明している。

　「1978年の Test of English as a Foreign Language（TOEFL）の平均点は約512点で，標準偏差は約66である。したがって，この時の TOEFL での578点は平均以上である（512＋66＝578）。この得点は，この人が標準グループと比較して十分に平均以上であり，より正確に言えば，彼の

実技は標準グループの84%の学生と等しいかそれ以上であることを示している。」

テスト結果の解釈のために参照するもう1つの枠組は，基準参照型テストである。この種のテストでは，学生の実技は技能や知識の基準レベルを参照して判断される。まず最初に，コースの目標と結びつく基準が設定される。次に，学生達がその基準を達成したかどうか，またどの位達成したかを調べるためのテスト項目が企画される。コミュニカティブな言語テストと結びついたのは，後者の基準参照の枠組であった。

基準参照型のテストを開発する過程において，コミュニカティブな言語テストは，量的評価から質的評価へと評価報告の焦点を移した。Heaton (1998) は，この焦点の移行の一側面を次のように記述している。

「学習者を初級，中級，上級，というようにグループ分けして行うテスト（language band systems）は，いくつかの異なる技能テストでの学習者の実技レベルを示すのに用いられる。各実技レベルに関する詳細な記述によって，試験実施者は注意深く引き出され確立された基準に従って決定を下すことができ，これによって成績の信頼性を増すのに役立つのである。しかし，このようなアプローチが言語テストに対するより人間的な姿勢をもたらす点も，同様に重要な利点である。各学生の実技は，他の学生の実技と比較することだけによって評価されるのではなく，一連の言語課題を実行してその学生がどの程度に成功するかによって評価される。質的判断は，他の点でも量的評価に勝っている。評価が短い文章形式で書かれるとき，その評価は，被験者と教師（あるいはスポンサー）が指導をさらに必要とする技能と問題領域についてよく知るためにかなり役立つ。このような記述は，現在では公共の試験機関にとってコンピュータによる印刷の形で記述するのが比較的容易になっている。」

このような実技レベルを測定するテストを口頭によるコミュニケーション能力の評価に使った例は後述する。

量的評価から質的評価への移行は有意義なものであるが，そのこと自体は学習者の実力の評価を数値による報告から言葉による（記述的）報告へ

変えたことの本質なのではない。後者の変化は「テクスト」と「課題」の区別，「言語使用法」と「言語使用」の区別などに根ざしている。この区別については，本書において，言語学習，授業，テストへのコミュニカティブ・アプローチの本質的特徴として一貫して述べてきたものである。

言語を使うことができるという点でコミュニケーションの能力が達成できたか，また，その質や学力はどの程度かを決定する際に，「コミュニケーションが行われたのか」「課題は完了したのか」という問い，あるいは「テクストの正しい使用という目的より上位の」目的に関する他の質問に答える時，その基準は常に「Yes」か「No」である。

その問いは，非常に単純な場合も，驚くほど複雑な場合もある。例えば，「彼はコーヒーを手に入れたか」(Did he get a cup of coffee?) という場合も，「彼女はアメリカの大統領に選ばれたか」(Was she elected President of the United States?) という場合もあり，その他どの課題もその複雑さにおいてこれら二極の間にある。その複雑さがどの程度の場合であれ，評価基準は常に「Yes」か「No」，つまり「課題は完了したのか，しなかったのか」である。

3　口頭によるコミュニケーション能力への評価に向かって

話し言葉として英語を使うことができるかどうかという点で学習者の技能を評価することは，言語テストにおいて常に問題となる領域であった。1950年代から60年代のように，口頭の技能を形成するものは何かということに関する判断に対して一般に認められた基準があった時でさえも，実施の可能性，信頼性，有効性の問題が存在した。

近年のような変化と不確定さの状況においては，言語の技能の性質が定義し直され，しばしば学習，授業，テストの一貫性が欠如しているので，問題は複雑化している。

ここでは，その問題を解決し，コミュニカティブな言語学習および授業に関する考えに基づいた口頭実力試験を企画しようとする試みのひとつを

紹介する。ここに掲げた例は、神田外語大学の英語研修所（English Language Institute）の研究プロジェクトである Kanda English Proficiency Test（KEPT）の一部である。

KEPT の口頭試験の部分については、1993年12月に香港で開催された ILE 会議で著者が発表した論文に述べられている。以下は、この論文に基づくものである。

Weir (1990) は、コミュニカティブな口頭試験は何をテストするのが望ましいかに関する貴重なチェック・リストを示している。

「話す能力のテストは、コミュニカティブなテストの基準を満たすために広い範囲の問題を提起する；この体系の中で行われる課題は、目的があり（purposive）、興味を引きつけ動機づけになるもので、テストの前に行われる授業への積極的なウォッシュバック効果を持つものでなければならない；相互作用が中心的特徴でなければならない；参加者達に相互主観性（intersubjectivity）があるべきである；課題の結果はある程度予測不可能なものであるべきである；現実的な文脈が与えられ、テストの進行がリアルタイムになされるべきである。恐らく他のどの技能試験におけるよりも、実際の「コミュニケーション」の数多いダイナミックな特徴をテストの中に組み込む可能性があると思われる。」

つまり、ウィアは口頭試験をテストの構成(format)、テストの内容(content)、テストの採点（scoring）という3つの観点から考えることが適切であると提案しているのである。KEPT の口頭試験を、これら3つの観点から、コミュニカティブな口頭試験に関するウィアの基準を満たしているかどうか見ていくことにしよう。

3-1 口頭試験の構成

まず、口頭試験の構成（テストの組み立て方）について、試験官と被験者をグループ分けする方法と評価すべき話し言葉の実例を与えてくれる課題に関して論じることにする。

試験官と被験者の人数は、1対1が望ましいということが広く認められ

ている。そして，その理由から，口頭試験は常に非実用的なものと見なされてきた。

　試験官と被験者の人数に関して，いくつかの変形が報告されている。Weir（1990）は，2人の被験者が互いに話しているのを1人の試験官が観察する1対2の方式について述べている。また，STEP Testでは，1人の学生を数人の試験官が審査する。

　口頭による実力試験がEFLの実力試験として広く用いられるようになるためには，実用性の問題を解決しなければならないことは明らかである。非実用性の問題の1つの側面は，口頭試験の構成，特に学生をテストのためにグループ分けするやり方にある。

　KEPTの口頭試験は，2人の試験官に4人の被験者を割り当てる2対4方式を採っている。試験官は順番にテストの「進行役（facilitator）」になり，指示を与えたり，対話を継続させたりする。（例えば，会話が停まってしまった時に学生達を促す。）

　15分間の口頭試験の開始時に，グループが図4.1のように作られる。試験官は「訓練」を受けており，被験者達はこれから受ける試験の形式を知らされている。

　課題に関しては，テストの中に2つの課題——音読（oral reading）と討論（discussion）がある。

　テストの始めに，被験者である4人の学生は，下に1パラグラフの文章が書いてある1枚の写真を渡される。それは，被験者達が筆記試験中[2]にビデオで見た人々の写真で，試験中に与えられたストーリーの一場面が写されている。

　写真の下の文章は1枚ずつ異なっているが，発音に関して同じ特徴をテストするように書かれている。例えば，日本人学生の英語の発音で問題となる点について，4種類の文章の各々に同じタイプの問題点が同じ数だけ入っている。各文章には「ことばづかい（phrasing）」をテストするために，同じような長い語群が含まれている。各々に，ある種の感嘆詞や，被験者が知らないような，あるいは見分けがつかないような難しい単語もい

図4.1　KEPTの口頭試験の構成

くつか含まれている。これらの単語は，単語読解技能をテストするために入れられている。

　試験を受ける学生は，1分間そのパラグラフを黙読する時間を与えられ，その後で声を出して読むよう指示される。

　試験官は，採点用紙の記述項目（descriptor）に従って「発話の技術的側面」に関する被験者の実技を評価する。この点に関しては後述する（「口頭試験の採点」を参照）。この時点で与えられた得点は仮のもので，もしも試験官が必要と考えれば，その後の口頭試験の相互作用による問題解決テストでの実技をもとにして変更することができる。

　音読テストが終わったら，進行役の試験官は，テスト用紙を回収し，次の課題の説明をする。説明は試験官の訓練に用いられた雛型に従って与えられる。テストは次のように進められる。

（1）進行役の試験官は，筆記試験中に展開された物語を思い出させ復習させる。この物語は，「問題」を提示し，物語の登場人物が選択を迫られているというところで終っている。（各物語は，登場人物がこれからどうするのか行動の選択を迫られるジレンマで終わっているのである。これについては後に「口頭試験の内容」のところで論ずる。）
（2）進行役の試験官は，物語の登場人物がどの道を選ぶべきだと思うか決めるように，被験者達に指示する。進行役の試験官は，被験者達に誰か

ら話し始めても良いと言い，身振りによる（non-verbal）コミュニケーションの合図を使って，会話を始めるように学生達を励ます。もしもそれがうまく行かなかったら，進行役は誰か1人の被験者を指名して討論を始めさせても良い。

（3）被験者達は自分の意見と理由を述べる。試験官達は聞きながら，採点用紙に設定された基準に従って，討論の特徴を記入する。

（4）進行役の試験官は，討論を聞いていて，もしも必要と感じれば，被験者に討論に積極的に参加するよう促す。進行役は，討論が特定の被験者に独占されないように，促しの言葉を使って相互作用を奨励することができる。例えば，「あの事をどう思いますか，令子」（What do you think of that, Reiko?）という具合に，1人の被験者に他の被験者の発言をもとに応答するように求めることができる。

被験者の発言が単に質問への返答になってしまわないように，できるだけ干渉しないでしかもそれぞれの被験者にできるだけ多く発言させることは，進行役の責任である。しかし，もしも彼等の発言が質問への答えだけになってしまった場合は，そのような相互作用がその被験者の会話の実力レベルであることを示しているかもしれないので，そのように記しておくべきである。

（5）進行役の試験官は，もう1人の試験官と目で合図した後，討論のまとめをしてテストを終わらせ，被験者にねぎらいの言葉をかける。

2人の試験官は採点用紙の記入を完了する。採点者として最初の採点を行った後に，必ず2人はそれぞれの採点について話し合う。なぜある評価を与えたかという説明を聞いた後で，調整が行われることもある。2人の採点が非常に違う場合は，2番目のグループの後でもさらに話し合うことが薦められる。

上記の，2人の試験官が4人の被験者をテストする2対4方式は，KEPTが2番目に採用した方式である。最初は1対2方式で，1人の試験官が2人の被験者の討論を担当したが，採点者間の信頼性を高め，また，真剣な意見交換のための「自然で」「生産的な」討論環境を作り出す試みとして

2対4方式が採用された。

　試験官を2人組にすることで採点者間の信頼性が確実に増したことは，論証可能である。しかし，2対4の方が1対2より「より優れた」「会話の実力をよりよく反映した」口頭の英語使用のサンプルが得られるかどうかという点については議論の余地があり，広範にわたる研究が必要である。このような研究にはグループ力学の影響と重要性に関して興味深い意味合いが含まれている。

　KEPTの口頭試験の構成はウィアのコミュニカティブなテストの基準をみたしている。被験者達を小グループの討論に参加させるという課題は，目的のある課題である。被験者たちは1つのグループとして，例えば話の中に出てくる「国際必需品」(the World Commodities) チーム[3]のメンバー達が筆記試験の終わりに提示されたジレンマを解決するためにどこへ行くべきか，あるいは何をすべきかを決定しなければならない。彼等はテストの中で与えられた情報をもとにして合意に達しなければならない。この課題の性質から言って，相互作用が中心的特徴である。課題の結論および被験者の述べる意見は予測不可能である。なぜなら，テストの中で与えられた情報には，異なった選択をするもっともな理由が盛りこまれているからである。このような異なった立場が，被験者間の相互主観性の基盤となる。このテストの構成の力点は，ダイナミックな相互のコミュニケーションにある。

3-2　口頭試験の内容

　次に，口頭試験で被験者が何について話すのかについて考察する。つまり，評価のために被験者から引き出された英語のサンプルは何に関するものか，ということである。被験者が話す事柄が話の質に影響を与えるだろうということは，容易に想像できる。

　ESLあるいはEFLの古くからの言い回しにあるように「人は，ただしゃべるためにしゃべることはできないし，ただ書くために書くことはできない」(You can't talk talk and you can't write writing.)。今までも言語

学習コースで学生が学ぶ内容や主題に多大な注意が払われてきた。方法論の中には，語彙と文法を学ぶのに適切と思われる「状況」に関連して発達してきたものがある。言語に対するコミュニカティブ・アプローチは，しばしば「ニーズの分析」から始まった。その分析の機能のひとつは，学生の好みに基づいてコースの内容になりうる話題，文脈，スクリプト，その他の実社会の主題を選定する試みである。

一般に口頭試験では，ほとんどの場合，テストの時に初めて提示される刺激をもとにして文を作って話すように被験者に求める。言いかえれば，被験者達は，テストの文脈や話題については，テスト時に示されるまで何も知識を持っていない。被験者はどんなタイプの課題を与えられるかを知っているかもしれない（例えば，一連の絵を見てストーリーを作るなど）が，その文脈や話題，すなわち評価の対象になる発話を引き出す主題についての予備知識はない。内容を前もって指定すれば被験者の実力を十分に示す最高の発言サンプルを被験者から引き出せるのかどうかは，議論の余地がある。しかし，これから何について話すように指示されるのか分からないことから来る緊張が，一部の人達には問題となることは確かである。

KEPTの概念的枠組みでは，口頭試験でテスト時に初めて会話への刺激を与える方法を，被験者のコミュニケーション技能を正しく示さないものとして否定し，代わりに，口頭試験の内容を次のように指定している。

①テストの話題，形式，文脈は，被験者がテストを受ける前に既に知らされていること。
②課題とその課題に関する情報は，テストの少し前に提示され，問題提示をする内容であること。
③課題処理は，相互作用によるもので，主観的で，問題解決型であること。

前述したように，KEPTの口頭試験は4人のディスカッションで，例えば「国際必需品」チームの5人のメンバーが提示された問題を解決するのに何をしなければならないかを全員の合意で決定するものである。

KEPT全体は，「国際必需品」チームの人々が，事業計画に関する交渉

に参加するために外国へ旅行することになっているというアナウンスで始まるひとつの物語である。テストの最初の部分では，訪問先の国に関する文脈情報が与えられる。その後の部分は，彼等の旅行，到着，商談の準備をする間の態度や出来事について語っている。

彼らの準備中に問題が生じるが，これはいくつもの異なった見方のできる問題である。この問題とその解決が，口頭試験で4人が話し合う課題である。

KEPT は，比較的上級の英語の実力を計るように企画されたテストであり，その目的は，英語の単文のサンプルではなく，目的のある相互作用の談話を引き出すことである。上級レベルでは，テストが始まる前に自分の意見をまとめるのに十分な文脈と情報が被験者達に与えられていれば，コミュニケーションの原理だけに基づいて彼らの実力を評価することができる。その場合，テストの内容は，知っていることに関する議論とその知識に基づいて合意に達する交渉になる。

もちろん，知っている情報（そして，口頭試験の開始に先立って得た情報）は，被験者の読む能力と聞く能力にかかっている。なぜなら，その情報は被験者が既に受けた KEPT のテストの中で得られるものだからである。批評家達，特にテストの専門家は，このテストで得られる口頭の実力測定は，そこで話される内容が読む能力，聞く能力，および口頭試験の前のテスト管理の要因などに影響されるので，正しい測定ではないと主張してきた。しかし，このように各種の要因に影響されるのは事実であるばかりでなく，自然で，現実的で，コミュニカティブなものであり，人間の実生活での能力が基礎とするものであり，またその能力を示すものとして認められる。

KEPT の口頭試験の内容は，前述のウィアの基準に一致している。彼の基準に照らせば，KEPT の内容は興味と動機に関しては疑問があるかもしれない。しかし，これらはおそらく被験者1人1人がテストの内容に関して下す異なる判断なのである。より有意義な基準として適切さが挙げられるかもしれないが，これは興味や動機よりもテストの目的や課題に関

第4章 コミュニカティブな言語学習とテスト ── 173

連して評価することができる。

3-3 口頭試験の採点

　コミュニカティブな口頭試験は，相互作用による主観的な問題解決であることが望ましいことは，前述のとおりである。しかし，Heaton (1988) は次のように述べている。

　「話す能力を測定する基準と正しい発音というような部門の重視に関連した問題は，大部分まだ解答が与えられないままである。」

　我々は，音韻部門，語彙部門，統語部門などの部門をどのくらい重視するかという実践的問題に直面している。さらに，被験者のこれらの領域における得点が低くても，彼等は粘り強さと，優れた修正ストラテジーで自己表現に成功するかもしれない。その上，コミュニケーションの成功，不成功はしばしば話し手と同じくらい聞き手にも責任があるのである。
「UCLES/RSA 英語コミュニケーション技能証明書」(UCLES/RSA Certificates in Communication Skill in English) は，テストの状況下における学生間の相互作用を評価するために用いられる基準の分析的物差しの一例である (Weir (1990))。そこでは，正確さ，適切さ，領域，柔軟性，大きさという5つの基準が考察されている。各基準は，実力レベルを示す4段階に分けられる。ヒートンは，評価が中程度に集まる（多くの場合にこの傾向が見られる）ことのないようにするために，このように実力レベルを偶数個の段階で評価することを薦めている (Heaton (1988))。

　KEPT の口頭試験の最初の評価基準は1991年に決定されたが，これらの基準は，全体評価（つまり個々の基準に言及しない評価）の方法に基づいていた。そして評価は7段階であり，最高は「話しのエキスパート」(expert speaker)，最低は「棄却」(throw away)（つまり話し手の話し方が下手すぎて，談話のサンプルとして不適当と評価されたもの）であった。

　KEPT の最初の分析的物差しは1992年に導入された。これは6つの基準を含んでおり各範疇について5段階評価を行った。その後，この方式を単純化するために2つの修正が行われた。現行の方式は，発音と流暢さ

(Pronunciation/Fluency), 語彙 (Vocabulary), 文法 (Grammar), コミュニケーションまたは相互作用ストラテジー (Communication/Interactive Strategies) という4つの範疇を含んでいる。各物差しは5から1までの段階があり，最高得点は20点，最低は4点である。基準の数は，使いやすくするために併合され減らされ，また，以前の方式における「表現力」(Expressiveness) という基準は「コミュニケーションまたは相互作用の技能とストラテジー」(Communication/Interactive Skills and Strategies) という基準に置き換えられた。これは，被験者同士が互いにどのように作用し応答し合うかということにもっと焦点を絞ることが必要であると感じられたので，評価体系がより明確にコミュニケーションに関わる基準を示すべきだと考えたためである。次ページに掲げるのは，この基準に関する採点の段階表示である。

その他の変更として，発音と流暢さという基準を導入したことが挙げられる。以前の方式では，音韻論的側面に注意を払い過ぎているように感じられた。また，語彙という基準を設けるべきだという何人かの委員の意見もあり，語彙の範囲は言語技能の評価において無視できない重要な項目であると感じられたので，語彙を基準の1つとして設けることになった。

評価がほとんど中程度に集中してしまう危険性はあったが，5段階評価は保持された。これは，4段階では，被験者の言語の実力の段階を評価するのに十分ではないと感じられたからである。もう1つの変更は，相互作用というKEPT全体のテーマに結びつける基準を入れたことである。例えば，語彙テストの項目は，その前に実施された（読解と聴解のセクションの）テストで使われたテクストに言及するようになっている。また，コミュニケーションまたは相互作用の技能とストラテジーの項目は，言語を音韻的項目，文法的項目，語彙的項目という独立した単位の連続としてではなく，社会的行為と見ることを採点者に思い出させるだろうと考えられた。

各グループの4人の学生がテストを受けた後，2人の採点者は話し合って評価を与える。これは採点者の独立性の前提に反するが，採点者が絶え

コミュニケーションまたは相互作用の技能とストラテジー

評価	
5	他人との相互作用において，自信に満ち，自然である。他人に注意を払い，応答する。また，他人の参加を促す。他人が意見を述べた時に，理由を尋ねる。全てのコミュニケーション・ストラテジーを楽に使いこなす。身振り言語を自然に使う。
4	他人の言うことを注意して聞き，適切に応答する。積極的に参加し，話すように促される必要がない。他人をリードする。必要なコミュニケーション・ストラテジーを自信をもって使う。話題を変えることができる。
3	グループのメンバーの言ったことをもとにして応答する。話すように何度も促す必要はない。主要な考えを他の人に伝えることができる。言い直して明確にするストラテジーを使うことができる。
2	何度も話すように促す必要があり，他の人との相互作用を自分からは始めない。話題の転換についていくのが困難である。質問や要請への応答としてしか話さない。
1	グループのメンバーとの相互作用が全くない。直接的な促しへの応答としてだけ，ためらいがちに話す。話すことが他人の言うことと関連を持たない。

ず自分達の間で評価を標準化するために許されるのである。2人の採点者は一緒に4グループを続けてテストした後，別の採点者と組んで採点する。これにより，採点者全員の標準化を促進する。

　KEPTの採点基準はまだ最終的なものではなく，継続して手直しが行われている。また，テスト全体に対する口頭試験の配点も調査の必要がある。KEPTを「総合」テストと見ることも可能だが，部門別サブテスト（口頭試験もその1つである）をテスト全体の独立した側面と見ることも可能である。言語の全体的なコミュニケーション能力をこのような独立した側面として定義するという考えは，さらに考察する必要がある。

4　終わりに

　本章では，コミュニカティブな言語テストに関わる問題をいくつか提示した。これらの問題は，言語学習と授業の分野が新たな均衡を確立するにつれて生じた変化と不安定さに関連している。この分野の新たな均衡は，言語学習における言語の本質に対する新たな見方，学習プロセスと言語獲得プロセスに対する新たな見方，また言語学習の教室における授業と教師の機能に関する新たな見方から必要となったものである。この問題は，学習，授業，テストが一貫性を持つことが望ましいという仮定のもとに議論される。つまり，学習者は，履修しているコースの目標という点から評価されなければならないのである。

　累積評価から形成評価への重点の移行を，技能は課題を実行する能力の増大したものとして表わすのが最も効果的である，というテスト理論と実践がもたらした結果のひとつとして考察した。このような見方は，技能は内蔵された言語能力の増大したものであり，ある特定の時点で測定されるのがもっとも望ましいという見方と対立する。このような技能に対する見方の変化はテストの形式と評価の報告の仕方にも現れていることを見てきた。

　最後に，本章では，コミュニカティブな評価の一側面——口頭技能のテスト——を，コミュニカティブな言語実力に関わるパラメータの1つであるというだけでなく，各学習者の外国語としての英語を使うコミュニケーション技能の発達を測定するテストを企画する時に最も問題の多いパラメータとして考察した。

（注）

1) いくつかの書き方のプログラムでは，前もって定められた完全さ（正しさ）の標準に照らして学生の実技を判断しテストするのが適切である。学生に書道（calligraphy），すなわち美しく書く技能を教えることを目指すコースは，そういうプログラムのひとつである。そういったプログラムは，個人間ある

いは個人内のコミュニケーションを目的とする技能中心の書き方のプログラムとは対照的である。また，同様の対比が，話し言葉の教育における発音（pronunciation）のプログラムとスピーチ（speech），あるいは演説法（elocution）のプログラムの間にみられる。時々，教師がこの2つのタイプのプログラムの区別を混同しているという指摘もある。

2) KEPT は5つの部分に分けられており，その4番目が口頭試験である。その前に Reading, Grammar, Listening, Writing のテストが行われており，その中で被験者はひとつの物語の筋の展開をたどってきている。渡される写真は，この物語の登場人物達である。

3)「国際必需品」チームというのは架空の日本企業で，輸出入業と合弁事業に携わっている会社であると想定されている。KEPT は，この企業とその仕事をテストで使われるストーリーの展開する状況（文脈）として利用している。各ストーリーに「国際必需品」の5人のメンバーが登場し，彼らはチームとして一緒に海外へ出張する。メンバーは，オーストラリア人のデヴィッド・アンダーソン，イギリス人のジェームズ・キャリック，カナダ人のカレン・サンプソン，日本人の渡辺友子，アメリカ人のマイク・ブレナンで，彼らの使うさまざまな種類の英語がテスト（殊に聞き取りのテスト）に国際的な雰囲気を与えている。

参考文献

Abe, S. and Ward, J. 1995. *Options. English for International Communication/English for International Business*. Tokyo : Kanda Institute of Foreign Languages.

Anthony, E. M. 1963. "Approach, Method and Technique." in *English Language Teaching*. Vol. 17.

Alderson, J. C. and A. Beretta (eds.). 1992. *Evaluating Second Language Education*. Cambridge : Cambridge University Press.

Bachmann, L. 1990. *Fundamental Considerations in Language Testing*. Oxford : Oxford University Press.

Beretta, A. 1992a. "Evaluation of language education : an overview." in Alderson and Beretta (eds.) (1992).

―――. 1992b. "What can be learned from the Bangalore Evaluation?" in Alderson and Beretta (eds.) (1992).

Berko-Gleason, J. 1982. "Insights from Child-Acquisition for Second Language Loss." in Lambert and Freed (1982).

Breen, 1989. "The evaluation cycle for language learning tasks." in Johnson, R. K. (ed.) (1989).

Brindley, G. (ed.). 1990. *The Second Language Curriculum in Action*. Sydney : NCELTR.

Brown, J. D. 1988. *Understanding Research in Second Language Learning*. Cambridge : Cambridge University Press.

Brumfit, C. J. and R.K. Johnson (eds.). 1985. *The Communicative Approach to Language Teaching*. Oxford : Oxford University Press.

Commonwealth Office of Education. 1956. *English for Newcomers to Australia*. Teacher's Book. Canberra : Commonwealth Government Printer.

Dykstra, G. 1963. "Application to the Commissioner of Education, Office of Education, U. S. Department of Health, Education and Welfare, for funds to support a Cooperative Research Project under the provisions of Public Law 531." 83rd Congress. Mimeographed.

―――. 1965. "Research in the TESL Materials Development Center." Paper read at the Second TESOL Conference, San Diego. Mimeographed.

English Language Institute Staff. 1958. *English Sentence Patterns*. Ann Arbor : The

University of Michigan.

Finnocchario, M. and C. Brumfit. 1983. *The Functional Notional Approach*. Oxford : Oxford University Press.

Halliday, M. 1973. *Explorations in the Function of Language*. London : Edward Arnold.

Harrison, I. and J. Kincaid. 1994. *Signing on the Dotted Line. Introducing Learner Contracts-an experiment in Japan*. Tokyo : Kanda Institute of Foreign Languages.

Harmer, J. 1991. *The Practice of English Language Teaching*. Harlow : Longman.

Heaton, J. B. 1988. *Writing English Language Tests*. Harlow : Longman.

Henning, G. 1987. *A Guide to Language Testing*. Rowley. Mass. : Newbury House

Johnson, F. C. 1965. *A Rationale for the Design of a Common Set of Materials to Teach English as a Foreign Language*. Ann Arbor : University Microfilms Inc.

―――. 1972. "Macro and Micro Methodology" in *TESOL Quarterly*. Vol. 5. No. 5.

―――. 1973. *English as a Second Language : An Individualized Approach*. Brisbane : Jacaranda Press.

―――― and C. Bratt-Paulston. 1976. *Individualizing the Language Classroom (Learning and Teaching in a Communicative Context)*. Cambridge, Mass. : Jacaranda Press.

―――, M. Delarche and N. Marshall. 1994. "The Learner as Planner/Director of an EFL Course." Paper presented at the JALT Convention, Matsuyama. Mimeographed.

―――― and N. Marshall. 1993. "Aspects of the Design and Administration of a Test of Oral Communicative Proficiency." Paper presented at the ILE Conference in Hong Kong, December 1993. Mimeographed.

―――― and L. K. Wong. 1981. "The Interdependence of Teaching, Testing and Instructional Materials." *RELC Anthology Series* No. 8. Singapore.

Johnson, R. K. (ed.) 1989. *The Second Language Curriculum*. Cambridge : Cambridge University Press.

Lambert, R. D. and B. F. Freed. 1982. *The Loss of Language Skills*. Rowley, Mass. : Newbury House.

Legutke, M. and H. Thomas. 1993. *Process and Experience in the Language Classroom*. Harlow : Longman.

Malinowski, B. 1935. *Coral Gardens and Their Magic*. London : Allen and Unwin.

Mont, M. *et al*. 1993. "Final Report of the Student Assessment Focus Group." Tokyo : Kanda Institute of Foreign Languages.

Nunan, D. 1988. *The Learner-Centred Curriculum*. Cambridge : Cambridge University Press.

―――. 1989. *Designing Tasks for the Communicative Classroom*. Cambridge : Cambridge University Press.

Oller, J. W. 1972. "Dictation as a Test of ESL Proficiency." in *Teaching English as a Second Language : A Book of Readings*. New York : McGraw Hill.

Oskarsson, M. 1978. *Approaches to Self-Assessment in Foreign Language Learning*. Oxford : Pergamon Press.

Richards, J. 1985. *The Context of Language Teaching*. Cambridge : Cambridge University Press.

―――― and B. David. 1984. *Person to Person*. New York : Oxford University Press.

Rolfe, T. 1990. "Self- and Peer-Assessment in the ESL Curriculum" in Brindley (ed.) (1990).

Rooks, G. 1988. *The Non-stop Discussion Workbook*. Boston : Heinle and Heinle.

Sinclair, J. M. and R. M. Coulthard. 1975. *Towards an Analysis of Discourse : The English Used by Teachers and Pupils*. Oxford : Oxford University Press.

Stern, H. H. 1983. *Fundamental Concepts of Language Teaching*. Oxford : Oxford University Press.

van Ek, J. A. 1979. "The Threshold Level" in Brumfit and Johnson (eds.) (1985).

Watcyn-Jones, P. 1984. *Pair Work One* (Student Books A&B). London : Penguin.

―――. 1993. *Vocabulary Games and Activities for Teachers*. London : Penguin.

Wajnryb, R. 1990. *Grammar Dictation*. Oxford : Oxford Univirsity Press.

Weir, C. J. 1990. *Communicative Language Testing*. Englewood Cliffs : Prentice Hall Regents.

索引

〈あ〉
アドバイザー 61
穴埋めテスト 161
一般英語習熟度テスト 39
一般習熟度テスト 37
一般的英語力 36
ウィア 166, 170
　――の基準 172
ウォッシュバック 152
　――効果 4, 145, 160, 166
産み出された情報 88
運営上の指示 91
英語だけ 110-1, 113, 126
エピソード 69
演繹的学習 17
応答 94
オーディオビジュアル・センター 44
オーディオリンガル 74, 77, 95
　――・アプローチ 31, 92
　――式の学習 34
　――式の言語教育 83
オープン・クラスルーム 45
音読テスト 168
EFL 23, 25, 31-2, 34, 36, 52, 167, 170
　――コース 78, 127
　――教室 43, 46, 54, 70
EOP 78
　――コース 78
ESL 22, 126, 170

　――コース 77-8, 127
Options 51, 74, 78, 95-6, 99

〈か〉
外国語としての英語（EFL）教育 74
階層的クラス 38
階層的方法 37
外的評価 158, 160
カウンセラー 61-2
書き取りテスト 162
学習 16
　――センター 43-4
　――適正テスト 37
　――方法 52
　――用ファイル 44
学習者
　――中心 17, 32, 45, 53, 65, 102
　――中心のEFL教室 42
　――中心の教室 28-9, 32, 34-5, 43, 49, 59, 70
　――中心の教室運営 48
　――のクラス分け 36
　――の選別とグループ分け 28
　――の並ばせ方 36, 40
　――の役割 52-3
　――評価 150
学生
　――に対する評価 148
　――のグループ分け 108

――の選抜　159
　　――用教科書　29
学力　154
　　――テスト　36-7, 151, 154-5
　　――評価　156
課題　9, 11, 64, 90, 165
　　――中心　12, 84, 91, 102, 107, 140, 158
　　――中心の活動　11, 69, 90, 139-41
　　――中心の言語学習　9
　　――の完了　25
神田英語能力テスト (the Kanda English Proficiency Test)　43
神田外語学院 (KIFL)　95-6
神田外語大学　95, 129
管理ファイル　44
聞く技能　94
聞く能力　172
記述的レポートによる評価　163
基準参照型テスト　164
技能　86, 176
　　――中心　75
帰納的学習　17-8
基本的対人コミュニケーション技能　39
教科書　74
　　――の構成　73
教材　64, 65, 70, 74
　　――の役割　64
教師中心　17, 32
　　――の学習環境　43
　　――の教室　28-9, 49, 59
　　――の教室運営　47
教師の役割　59
教師用ガイド　29, 61, 65
教室

――運営　27, 50-1, 70
――活動　27
――授業システム　28
――作り　27-8, 70
――での並ばせ方　35
――の運営　49
――の役割　66
――用具　70
教授法　28, 70, 87-8
クラス
　　――運営　46
　　――替え　38, 158-9
　　――替えテスト　159
　　――全体授業センター　44
　　――の全体活動　61
　　――分け　34-5, 37, 46, 158-9
　　――分けテスト　155, 159
グループ
　　――の記録係　128
　　――への積極的参加　55
　　――・リーダー　128
　　――力学　108, 170
　　――分け　34
形成的実力テスト　155, 159
形成評価　156-8, 176
ゲーム　8
言語　5, 20-4, 82, 146
　　――学習の方法論　87
　　――学習の目的　12
　　――獲得　22
　　――機能の分類　80
　　――機能のリスト　79
　　――使用　24, 165
　　――使用法をもとにしたテスト　162
　　――使用をもとにしたテスト　162

──の機能 38, 79, 84
──の構造的対立 7
──の定義 20
語彙 174
──教育 83
──の学習 137
交換された情報 88
口頭 14
──試験 167-8, 170-3, 175
──試験の構成 166, 170
──試験の採点 168, 173
──試験の内容 171-2
──実用試験 165
──実力テスト 153
行動調査 62
語学力テスト 153
個人
──間の相互作用 86
──的活動 40, 44
──的な学習方法 75
個別化 71
コミュニカティブ
──な課題 11
──なテスト 162
コミュニケーション
──活動 8-10
──機能 13
──すること 22-3
──の観察者 24
──の効率 20
──の始動者 53, 56
──の不成立 8, 10
──への参加者 24
──または相互作用ストラテジー 174
混成的方法 37-8
コンピュータ・センター 44

Kanda English Proficiency Test (KEPT) 166-7, 169-75
KERP 67

〈さ〉
採点基準 175
作業センター 44
作文テスト 162
参加者 128
自己評価 160
実学力テスト 154
質的評価 164
実用性 152-3
実力テスト 154-5
自動的チェックの原理 9
自発的学習センター 45, 54, 66
習熟度 36
　──別グループ分け 38
主観的 171
授業 16
　──形式 87, 92
　──システム 46, 70, 87, 130
　──内容 75
主題 75, 77-8, 81, 86, 99
出力 49
受容的 14
上位の目的 9
上位目標 11
状況 77, 81, 171
　──という文脈 5
小グループ 16, 140
　──活動 40, 44, 61, 113, 126, 128
情報 89
　──交換 24
　──の穴埋め活動 111
職業的目的のための英語（English for Occupational Purposes）36,

78
使用　8
シラバス　75, 77-8, 81, 84
診断テスト　154
信頼性　152-3, 160
心理測定法　147
数的評価　163
正確さ　20, 108
生産的　14
生産要因　28, 32, 35, 46-7, 64, 67
全クラス活動　40
潜在的言語能力　161
全体評価　173
選択肢（options）　43
相互依存性　71
総合テスト　161, 162, 175
相互関係　40-1, 71
相互作用　15, 18, 24, 32, 34, 47,
　　49, 52, 56, 64, 75, 81, 107,
　　141, 166, 168-74
相互主観性　166, 170
相談センター　44

〈た〉
大学入学試験　151
第2言語としての英語教育　6, 74
対立　7
単語読解技能　168
談話　172
　　──型　18
知的学問的言語習熟度　39
作られたテクスト　18
ディクストラ　6-7, 11
適性テスト　151, 154-6
テクスト　11, 13, 21, 75, 78, 82,
　　86, 89, 99, 165
　　──中心　12, 84, 89, 91-2

　　──中心の学習　158
　　──中心の活動　69, 90, 137,
　　　139, 141
テスト　20
　　──の客観性と信頼性　147
　　──の構成　166
　　──の採点　166
　　──の内容　166
読書センター　44
特定の目的のための英語　36
TESL　6
　　──Project　6, 8-11
　　──教材　8
TOEFL　152

〈な〉
内省的教授　62
内的評価　158, 160
ニーズの分析　171
2×2技能　14
入力　15, 19, 29, 32, 107
　　──重視　16

〈は〉
発音と流暢さ　173
発表係　128
発話　5
必要性　36
　　──の分析　99, 160
評価　20, 149
　　──基準　173
　　──方法　150
標準参照型テスト　163
標準偏差　163
不均衡　145, 147-9
プログラム評価　148, 156
プロジェクト・センター　44

文型　18
分析的テスト　161
文法　174
文脈　8，13，16，81，88
ペア　16
　——活動　40，42，44，61，111
方法論　75
母語の使用　109
本物のテクスト　18
翻訳テスト　162
Bangalore Project　149
Hong Kong Scaling Test　4，152

〈ま〉
マクロ的描写　46
マクロ的方法論　27，43，47-8，54
マリノフスキー　5
ミクロ的方法論　27
文字化　14
問題解決型　171

〈や〉
役割　52
有効性　152-3
用法　21
　——中心　89
ヨーロッパ評議会　160
予測の文法　161
予測不可能　166，170
淀みなさ　108
読む能力　172
4技能　14，15，92

〈ら〉
理解度確認問題　69
流暢さ　20
量的評価　164
累積的実力テスト　155
累積テスト　158-9
累積評価　156-8，176

[執筆者紹介]

監修者　井上和子（いのうえかずこ）
1919年大阪府生まれ。1964年ミシガン大学PhD。国際基督教大学教授，津田塾大学教授を経て，現在神田外語大学大学院教授。言語学専攻。
主な著書：*A Study of Japanese Syntax*（Mouton），『変形文法と日本語　上・下』（大修館書店），現代の英文法6『名詞』（共著・研究社），『日本文法小事典』（編著・大修館書店）

著　者　Francis C. Johnson（フランシス・C・ジョンソン）
ロンドン大学修士課程修了，コロンビア大学ティーチャーズ・カレッジにて1965年博士課程修了。パプアニューギニアにて外国語としての英語教育および教員養成に携わる。1966年，パプアニューギニア大学英語学教授に任命される。ハワイ大学，香港・中国大学を経て，1987年から神田外語大学教授。

訳　者　平田為代子（ひらたいよこ）
国際基督教大学大学院教育学研究科博士課程前期修了。現在，大妻女子大学非常勤講師。言語学・英語教育専攻。

コミュニカティブな英語授業のデザイン
──教室作りからテストまで
Ⓒ Francis C. Johnson, Kazuko Inoue, Iyoko Hirata 2000

初版発行	2000年3月20日

監修者	井上和子
著者	フランシス・C・ジョンソン
訳者	平田為代子
発行者	鈴木荘夫
発行所	株式会社　大修館書店

〒101-8466　東京都千代田区神田錦町3-24
電話　03-3295-6231 販売部／03-3294-2357 編集部
振替　00190-7-40504
[出版情報] http://www.taishukan.co.jp

装丁者	岡崎健二
印刷所	広研印刷
製本所	司製本

ISBN4-469-24450-3 Printed in Japan
Ⓡ本書の全部または一部を無断で複写複製（コピー）することは，著作権法上での例外を除き禁じられています。

英語のコミュニケーション活動

北出　亮 著
J.R.パワーズ 英文校閲

英語のコミュニケーションで生じるいろいろな場面をゲーム化し，教室活動で使えるよう創作した知的でおもしろいゲーム60例を集めたもの。

A5判・320頁　**本体2,000円**

英語コミュニケーション
　　　　　能力評価実例事典

松畑熙一 編

今話題の「観点別評価」を中心として，新しい英語能力評価の方法を'実例集形式'で示したものである。『英語授業実例事典』の姉妹編。

四六判・280頁　**本体2,200円**

私の英語授業
―コミュニケーション能力育成のための授業―

望月昭彦・山田　登 編著

授業・コミュニケーション活動・評価の3項目を中心に構成した全国約80人の現場の先生（中学・高校）の授業実例集。用途に応じて利用できる。

A5判・322頁　**本体2,900円**

生き生きとした英語授業（上）
―コミュニカティブ・ティーチングの考え方と手法―

米山朝二・高橋正夫・佐野正之 著

生き生きとした英語授業を展開するために，コミュニカティブ・ティーチングの理論と手法を中・高の多数の実践例をあげて具体的に説く。

A5判・178頁　**本体1,400円**

生き生きとした英語授業（下）
―コミュニカティブ・ティーチングの実践―

米山朝二・高橋正夫・佐野正之 著

生き生きとした英語授業を展開するために，コミュニカティブ・ティーチングの理論と手法を中・高の多数の実践例をあげて具体的に説く。

A5判・274頁　**本体1,900円**

コミュニケーションにつながる文法指導

髙島英幸 編著

従来の「文法指導」を「コミュニケーションにつながる」方向へ軌道修正するための方策を，具体的な指導法も交え，理論と実践の両面から探る。

A5判・186頁　**本体1,900円**

新しい英語教育への指針
―中級学習者レベル〈指導要領〉―
J.A.ヴァン・エック/J.L.M.トリム 著
米山朝二・松沢伸二 訳

ヨーロッパ各国の英語〈学習指導要領〉とも言うべき本書は，英語の「何を」「どの程度」「どんな段階で」行うかの明快な基準を示す必読の書。

B5判・210頁　**本体2,600円**

〈日英対照〉
ALTのためのニッポン生活 Q&A

レオナルド・タッド 著　須藤詩子 訳

日本の学校で日々奮闘する外国人講師（ALT）と，一緒に働く日本人教師から寄せられた様々な疑問・悩みに対しズバリ回答。日本語対訳・注付。

A5判・240頁　**本体2,000円**

2000.3　大修館書店